"Por que a mulher gosta de apanhar"

Christina Autran

"Por que a mulher gosta de apanhar"
e outras reportagens dos anos 1960 e 1970

Prefácio de Luiz Garcia

EDITORA
NOVA
FRONTEIRA

© by Maria Christina Autran Moreira Garcia

Direitos de edição da obra em língua portuguesa adquiridos pela EDITORA NOVA FRONTEIRA S.A. Todos os direitos reservados. Nenhuma parte desta obra pode ser apropriada e estocada em sistema de banco de dados ou processo similar, em qualquer forma ou meio, seja eletrônico, de fotocópia, gravação etc., sem a permissão do detentor do copirraite.

EDITORA NOVA FRONTEIRA S.A.
Rua Bambina, 25 – Botafogo – 22251-050
Rio de Janeiro – RJ – Brasil
Tel.: (21) 2131-1111 – Fax: (21) 2286-6755
http://www.novafronteira.com.br
e-mail: sac@novafronteira.com.br

CIP-Brasil. Catalogação-na-Fonte
Sindicato Nacional dos Editores de Livros, RJ.

A957p Autran, Christina
"Por que a mulher gosta de apanhar" :
(e outras reportagens dos anos 1960 e 1970)
/ Christina Autran ; [prefácio Luiz Garcia].
– Rio de Janeiro : Nova Fronteira, 2007.

ISBN 978-85-209-1958-3

1. Entrevistas – Brasil. 2. Repórteres e reportagens. I. Título.

CDD: 079.8
CDU: 070(81)

SUMÁRIO

7   Prefácio, *Luiz Garcia*
9   Apresentação

13 PARTE 1: HOMENS
19 "Por que a mulher gosta de apanhar", segundo Nelson Rodrigues
35 Eu sou assim: uma entrevista de Millôr Fernandes
40 "Eu já declinava para nãoezas": Christina Autran entrevista o escritor que não dá entrevistas
43 A noite de Castello: entrevista com Carlos Castello Branco
49 Carlos Heitor Cony: "Quando bebo fico muito inteligente"
65 Chico canta o seu refrão
70 Edu Lobo: um moço e seu violão
76 Plínio Marcos: "Os ricos são gente de carne e osso, mas com um tédio!"
81 Manuel Bandeira segundo Vinicius
88 Glauber Rocha: "O século está entrando numa barra-pesada"
111 Um ponto de encontro nos Guimaraens
115 Brasil — caos — cultura
126 Ibrahim Sued: um quarentão realizado
129 Carlos Imperial rasga a fantasia
135 Cirurgia plástica não é soro da juventude, mas retarda o inevitável: entrevista do dr. Pedro Valente
140 O *Pasquim* ou Da maioria, um reflexo válido, lúcido e inserido no contexto

149 PARTE 2: MULHERES
156 Fernanda Montenegro: mulher do princípio ao fim
166 Clarice no escuro
175 Sílvia Amélia: "Eu sou uma giganta de cabelão, e amélia, quem sabe?"
184 Christina Autran, de Nova York, apresenta: Márcia Haydée — nacionalidade, bailarina
189 A novela por trás das câmaras ou De como explorar o sentimentalismo
196 Vilma, uma Guimarães Rosa
201 Para Dinah, tempo não é problema
206 Bibi ao vivo
212 La Bengell, balzaquiana, mobilizante
215 Cacilda, quem é você?
220 Ítala Nandi: aí a gente vê que o mundo não é cor-de-rosa
223 Helô: a Garota de Ipanema não é a Garota de Ipanema
227 Honesta: ser ou não ser — eis a questão
233 É essa a nova mulher?

PREFÁCIO
Luiz Garcia

ATÉ MAIS OU MENOS A METADE DA DÉCADA DE 1950, MULHERES ERAM raras nas redações de jornais cariocas. Tinha sempre a moça que fazia a página feminina e, no máximo, mais uma ou duas; quase sempre, funcionárias públicas que traziam as notícias de suas repartições, o que naquele tempo ninguém achava pouco ético.

Mas aos poucos elas foram chegando — e tomando conta. Nesta coleção de entrevistas de Christina Autran, dá para se entender por quê. Quem a conheceu só de vista pode ter cometido o pecado do preconceito: tão bonita assim, grande vantagem! Era o erro de quem julgava só atentando para a figura esguia, o palminho de rosto dominado por olhos doces e profundos.

A beleza pode abrir uma ou outra porta. Mas, depois da porta aberta, entra em ação o talento do jornalista. Os do ofício sabem que não é mole levar alguém — quase sempre no primeiro contato pessoal — a revelar idéias e sonhos, razões de vaidade e motivos de frustração. Principalmente no caso de intelectuais que têm nisso tudo a própria matéria-prima de seu trabalho.

Nestas bandas cariocas, Christina entrevistou praticamente todo mundo que, na década de 1960 e um pouco adiante, tinha algo a dizer ou mostrar no campo da inteligência e da sensibilidade. De romancistas a atores, de jornalistas a poetas, não me ocorre quem tenha faltado. Mas nada de políticos. Não faziam o gênero dela, o que ajuda a dar à coleção uma virtude especial: que dê para se perceber, não tem ninguém mentindo no elenco. Ao menos, seguramente, não por razões sórdidas.

Costuma-se dizer que o jornalismo tem a característica frustrante de trabalhar com o efêmero: é a velha história de que o jornal de hoje só servirá amanhã para embrulhar peixe. Ou forrar a gaiola do passarinho.

Quase sempre é verdade. Mas nas páginas seguintes você encontrará uma série ininterrupta de exceções. São relatos, idéias, opiniões, sonhos e confissões de perene importância para a avaliação, no campo da inteligência e da sensibilidade, daqueles tempos e de seus protagonistas.

APRESENTAÇÃO

TODAS ESTAS ENTREVISTAS E REPORTAGENS FORAM FEITAS ENTRE O FINAL dos anos 1960 e o início dos 1970, anos em que o mundo e o Brasil passavam por grandes mudanças. Enquanto comia a guerra no Vietnã, os Beatles estouravam com seu iê-iê-iê, os rapazes usavam cabelos compridos em sinal de protesto, as mulheres questionavam a virgindade, o consumo de maconha e LSD estava na ordem do dia e os estudantes franceses iniciaram com a chamada *chienlit* o grande movimento de insurreição que se espalhou mundo afora.

No Brasil, aconteciam os Festivais da Canção, o Cinema Novo, o "Tri" da Copa do Mundo que ganhamos no México, os militares, a censura, a Passeata dos Cem Mil, o AI-5, o Milagre Econômico, o Brasil Grande do "Ame-o ou deixe-o". Era a época, como dizia a antiga música de Carnaval, do "Rio de Janeiro, cidade que me seduz, de dia falta água, de noite falta luz". Sem falar na dificuldade que era conseguir uma linha para discar o telefone. A vida era cheia de emoções nesses idos de 1967. Como dizia o anúncio da Coca-Cola da época, "emoção pra valer!".

Apesar da conjuntura política que dominou o Brasil a partir de março de 1964, esses "anos de chumbo" estão na minha memória pessoal como encantados, pois neles realizei o meu sonho de estudante de jornalismo, que era trabalhar no Caderno B do *Jornal do Brasil*, ambição de tantos dos meus colegas da PUC. O *JB* havia passado por uma antológica revolução gráfica e editorial no começo dos anos 1960 e era considerado o mais moderno jornal do Brasil.

Para entrar no *JB* fazia-se um teste de seleção e depois um curso, ministrado pelo Luiz Lobo, findo o qual se poderia aspirar a uma vaga como estagiário.

Comecei devagarinho, como repórter do Jornal do *JB*, o *house organ*, fazendo reportagens sobre o próprio *JB* e seu pessoal. Minha mesa ficava no que hoje se chamaria departamento de relações institucionais, que funcionava no edifício Avenida Central. Mas eu passava o dia na mítica sede da avenida Rio Branco, colhendo material para meu trabalho.

Um dia, vi uma mesa sobrando dentro da sala onde funcionava o Caderno B e imediatamente perguntei se poderia instalar-me ali. A resposta foi sim. Era bom demais para ser verdade! Poder conviver dentro daquele ambiente que era para mim a epítome do Brasil moderno e criativo. Mudei-me num piscar de olhos.

Fui aos poucos me familiarizando com o pessoal do B, até que um dia fui contratada para integrar a equipe e, melhor ainda, efetivada no jornal, pois até então trabalhava como estagiária. Sentava perto da Marina Colasanti, e com ela e o Paulo Afonso Grisolli, então chefe do B, muito aprendi.

Nessa fase, também trabalhava como *free-lancer* e fiz muitas entrevistas para a *Manchete*, a grande revista de reportagens da época. Colaborei ainda para a editora Civilização Brasileira, para a sua série denominada Livro de Cabeceira — havia o livro do homem e o da mulher.

Em março de 1968, fui convidada pelo Odylo Costa, filho (era assim que ele grafava o seu nome) para trabalhar nos números experimentais de uma nova revista que a editora Abril estava pensando em lançar em breve, então chamada *Veja e Leia*. A sucursal do Rio era comandada pelo Luiz Garcia e a equipe, que ele tocava com maestria, era composta de repórteres recém-saídos da universidade e treinados em curso da própria editora, além dos chamados jovens repórteres "veteranos". Lembro-me de que certa vez contornou com muito humor uma indignação minha com a redação da revista em São Paulo, que me classificou no grupo dos novatos: mandou imediatamente um telex à matriz, dizendo que se tratava de uma experimentada jornalista, ex-correspondente de guerra em Verdun (uma das grandes batalhas da I Guerra Mundial)! A ele agradeço pelos ensinamentos e pelo prefácio deste livro.

Nesse meio tempo, a Lea Maria assumiu a editoria do Caderno Feminino do *JB* e me indicou para ser sua subeditora. Esse novo posto me possibilitou a experiência extraordinária de participar de muitas reuniões de pauta do jornal, comandadas pelo Alberto Dines, então editor-chefe, junto com os demais editores e o secretário da redação, Carlos Lemos, que costumava adentrar a sala do B aos brados, fazendo graça com todos, o que me deixava assustada quando tomava a minha direção.

Ia eu atravessando esses meus anos dourados, cruzando pelas ruas com intimidadoras viaturas militares. Num impulso de repórter, certa vez parei um soldado e perguntei-lhe como se sentia fazendo aquele papel. Levei um tal passa-fora que achei melhor não me meter com o inimigo.

Em 1970 mudei-me para Brasília, onde fui trabalhar na sucursal do *JB*, chefiada pelo Carlos Castello Branco, o Castelinho. O *glamour* do Caderno B foi trocado pela chamada cobertura geral: Presidência da República, Polícia Federal, ministérios civis e também os militares, pois o chefe da redação, André Marques, acreditava que uma mulher seria capaz de conseguir mais informações com os militares que os repórteres homens...

Fui em seguida morar em Londres e de lá mandei algumas matérias para o B. Na volta para Brasília, trabalhei no *Estado de S. Paulo* e no *Jornal de Brasília*, junto com minha grande amiga Maria Ignez Corrêa da Costa, com quem divido duas entrevistas neste livro e a quem agradeço por autorizar sua inclusão.

Levei a Carlos Augusto Lacerda a idéia de republicar estas matérias, que ele aceitou de imediato. Agradeço a ele e ao editor Luciano Trigo pelo entusiasmo com que me acolheram.

Dedico este livro a Carlos, meu companheiro de aventuras, e aos nossos filhos, Thomaz e Alice, sempre curiosos sobre o que nos fez o que somos.

PARTE 1
HOMENS

A POSSIBILIDADE DE CONSEGUIR UMA ENTREVISTA COM GUIMARÃES ROSA, o grande escritor e embaixador que nunca falava com a imprensa, seria minha prova de fogo para ser admitida no Caderno B. Saí do jornal na maior excitação e cheguei a sua sala no Itamaraty, ainda no Rio, cheia de perguntas para lhe fazer. Ele me pediu que sentasse numa poltrona perto de sua mesa de trabalho e, enquanto esperava, fui observando o que se passava ao meu redor. Sorte minha que fiquei atenta, pois quando ele docemente declarou que não me daria nenhuma entrevista, já que não poderia fazer exceção à sua regra, o único material que tinha para escrever a matéria era o fruto da minha observação. Aparentemente esse recurso foi um ovo de Colombo, pois deu certo, os editores gostaram e realizei o meu sonho de ser uma das chamadas "garotas do B".

Tinha eu então vinte anos, idade em que geralmente padecemos de uma certa arrogância e espírito temerário, e foi munida desses dois atributos que cheguei à cobertura de Millôr Fernandes em Ipanema para fazer uma entrevista.

Mas ele me parecia padecer do mesmo mal e foi fazendo as declarações aqui reproduzidas. Fiz questão de ler para ele a entrevista por telefone, antes que fosse publicada. Autorizou o texto, mas depois ficou danado comigo. Um dia, muito mais tarde, veio à minha casa em Londres com meus queridos amigos Dalva e Fernando Gasparian e, com alegria, entendi que dava por encerrado o mal-estar.

Com o mesmo espírito aguerrido, defrontei-me com o poeta Alphonsus de Guimaraens Filho, que resolveu ditar-me o que deveria escrever. Depois de publicada a entrevista, recebi telex de dois veteranos companheiros jornalistas, em que diziam: "Poucas vezes temos dado tantas risadas na vida. Esperemos que o poeta não lhe dê uma bolacha."

Edu Lobo arrasava no Festival da Canção com "Ponteio" e Chico Buarque acabava de estourar com "A banda" quando a *Manchete* mandou-me entrevistá-los. Chico depois me ligou para confirmar se eu lhe havia telefonado, pois alguma menina havia chamado para sua casa dizendo ser eu. Tempos antigos, em que o Rio era ainda uma pequena aldeia.

Glauber Rocha deu sua entrevista em minha casa e nunca me esqueço de seu ar concentrado e suas meias cor de laranja e sapatos de tressé, sentado no sofá da sala. Passados muitos anos, fui reencontrá-lo em Portugal, morando em Sintra, e tive o luxo de recebê-lo em casa para jantar. Meses depois, tive o desgosto de acompanhar sua doença e a tristeza de dar a notícia de sua morte pela TV Globo, da qual era *stringer* em Lisboa.

A entrevista com Ibrahim Sued foi num dia ensolarado, dentro de um charmoso restaurante às escuras, luzes acesas na hora do almoço. Depois li em sua coluna: "Gostei muito da jovem jornalista que me entrevistou para a *Manchete*. Reproduziu exatamente o que lhe declarei, sem acrescentar nem cortar uma palavra das minhas declarações. Isto hoje na imprensa não é mais comum..." E terminou tipicamente: "Bola pra frente, menina."

Entrevistei Nelson Rodrigues infinitas vezes. Trabalhava então para a revista *Veja*, que ainda buscava o seu caminho desde os seus números experimentais, até que finalmente viu a luz do dia, em 1968. Nessa época suas reportagens não eram assinadas e tinham a colaboração de vários repórteres. Acontecia de o redator final em São Paulo nem sempre utilizar todo o material que lhe chegava às mãos, e várias dessas entrevistas jamais foram publicadas. Nelson chegou a escrever em sua coluna que publicava no *Globo*, chamada *As confissões de Nelson Rodrigues*: "Christina Autran é uma repórter de uma sensibilidade, de um *métier*, de um gosto, uma imaginação admiráveis. Já fez comigo umas dez entrevistas, todas de uma esmagadora transcendência. Até agora, não se publicou uma frase. Posso dizer que a nossa imprensa criou o 'novo gênero' das entrevistas que não serão impressas, nem a tiro." Mas na que está aqui, feita para o Livro de Cabeceira, tirei a forra. Fiz todas as perguntas que queria e ele foi genial.

A reportagem sobre Manuel Bandeira era a típica matéria que mandávamos para a *Veja* então. Muitos depoimentos sobre determinado tema, que seriam depois trabalhados pelo redator na matriz em São Paulo. Que alegria quando nosso trabalho era aproveitado. E que dissabor quando alguma frase dita dentro de um contexto era pinçada e publicada em outro. Comprei briga com muitos entrevistados antes que a revista estabelecesse o seu padrão e fosse compreendida no seu contexto.

O que era o Brasil então, quando uma entrevista com um médico cirurgião plástico girava mais em torno da plástica reparadora que a estética. Engatinhava-se no tema, em que há tempos somos peritos. O jovem dr. Pedro Valente era o xodó das operáveis.

Carlos Imperial era o símbolo do deboche e da malandragem cariocas, em contraponto aos questionamentos existenciais do exseminarista e escritor Carlos Heitor Cony.

A entrevista em Brasília com Castelinho foi um grande momento em minha vida profissional, compartilhado com minha amiga e jornalista Maria Ignez Corrêa da Costa. As duas nos rendemos ao charme daquele "pobre nordestino perseguido pela adversidade" — como ele se descrevia —, da generosa e extraordinária figura que foi esse grande jornalista político, nosso amigo querido.

O teatro de protesto estava no auge da moda. Desde o espetáculo *Opinião*, era o tema do momento. E Plínio Marcos era o autor da vez, só dava ele. Aliás, na medida do possível, o protesto em geral imperava, num Brasil debaixo de censura e comandado por militares.

Foi nessa conjuntura que nasceu *O Pasquim*, que chegou a vender muito mais que qualquer outro jornal brasileiro na época: 225 mil exemplares em um mês, entre um público eminentemente jovem, com idade entre os 18 e os 30 anos. Sua grande atração era a irreverência e a naturalidade com que cada um de seus colaboradores se manifestava, vozes singulares com quem o público jovem se identificava. Era outra forma de protesto, que dominou a cena por vários anos. Estávamos em 1970 e o tema daquele número da revista onde este bate-papo foi publicado era "Dados para um futuro imediato". Nela se especulava sobre como seriam a mulher, a arte, a literatura, a religião, o cinema, o teatro, a televisão e a música na nova década que começava.

Lendo o conjunto de entrevistas, percebemos que todos nos perguntávamos sobre os rumos da vida, do mundo e do Brasil, particularmente. A conversa com Francisco de Assis Barbosa, Antonio Houaiss e Carlos Scliar é um bom exemplo desses questionamentos. Por trás de todo discurso há uma grande preocupação com o Brasil e a afirmação de sua cultura, considerada subdesenvolvida num mundo que dava seus primeiros passos rumo a uma cultura global. Cada um dos entrevistados, de uma ou de outra maneira, se posiciona diante dos valores da época e da nossa relação com o passado brasileiro. Todos sonhávamos com um Brasil melhor.

"POR QUE A MULHER GOSTA DE APANHAR"
SEGUNDO NELSON RODRIGUES
Livro de cabeceira da mulher, volume 2, 1967

Nelson Rodrigues é um dos últimos homens na face da Terra a usar suspensórios. Um suspensório velho, fino, elástico, como seu espírito. Simpático e acessível, é baixo, mais para gordo, cabelo ondulado e grisalho, olhos claros (que raramente ficam rútilos), mão de dedos curtos e unhas pequenas. Os dedos da mão direita são manchados de nicotina. Fuma um cigarro atrás do outro e dificilmente bate a cinza, que deixa acumular até cair sozinha, sujando a roupa malcuidada. Não parece ligar para isto. Fuma Caporal Amarelinho, fazendo render cada cigarro ao máximo. Em uma hora de entrevista, fumou quatro. Pediu para não gravar as pausas.

— O que é uma mulher?

— Bem; eu sempre digo que o ser humano até hoje não se tornou adulto. Todos nós somos meninos. Não importa, evidentemente, a idade. Podemos ter cem anos, noventa, oitenta, e somos meninos. Mas se o ser humano, de uma maneira geral, é criança, muito mais é a mulher. A mulher, mesmo como menina, é imatura além da conta. A mulher se desenvolveu ainda menos do que o homem; é mais menina do que o homem é menino.

Nelson fala pausadamente, quase arrastado, repetindo-se, construindo as frases à medida que desenvolve o raciocínio. Não é gago, mas parece.

— *Como pode o homem escrever sobre a mulher se ela é o seu exato oposto, se está onde sua sombra cai, de tal modo que ele está sujeito a confundi-la com sua própria sombra?*

— Mas que pergunta profunda...

(É que a frase é de Jung.)

— ...a coisa mais difícil, eu diria mesmo impossível, para o ser humano é a autocrítica. Eu creio que o homem é muito mais indicado, muito mais capaz de falar da mulher do que de si mesmo, porque o homem sabe muito mais da mulher do que a mulher de si mesma. O grande assunto do homem, onde aprofundou uma sabedoria multimilenar, é a mulher.

A mulher é mesmo o grande assunto de Nelson Rodrigues, brasileiro, branco, casado, pernambucano do Recife, da rua Dr. João Ramos, onde nasceu de dona Maria Ester, mãe de 15.

— Eu sou o quarto, salvo engano: Milton, Roberto... sou o quinto, quarto não, quinto, sou o quinto, e vim com cinco anos de idade para o Rio de Janeiro.

Nelson é filho de Mário Rodrigues, grande jornalista e panfletário:

— E renovador da imprensa brasileira. Quando nós viemos para o Rio, fomos morar na Aldeia Campista, na então rua Alegre, que agora mudou de nome, mas naquela época era Alegre. Estreei no jornalismo profissional com 13 anos, como repórter de polícia. Escrevi minha primeira peça aos 27 anos, *A mulher sem pecado*. Primeiro me ocorreu, como eu não acreditava em nosso ambiente teatral, me ocorreu fazer uma chanchada. Mas, ao escrever a peça, a obra se impôs sobre o autor e saiu uma coisa pretensiosa, séria. Depois, escrevi *Vestido de noiva*, que foi realmente meu grande sucesso. E aí não parei mais. Escrevi *Álbum de família, Anjo negro, Dorotéia, Valsa nº 6, A falecida, Senhora dos afogados, Boca de Ouro, Perdoa-me por me traíres, O beijo no asfalto, Otto Lara Resende ou

Bonitinha, mas ordinária e *Toda nudez será castigada*. Não sei se me esqueci de alguma, mas deve ser isto. E além disso fiz, através dos meus 54 anos de vida — o que me parece a maior velhice do Brasil —, fiz folhetins, romances para jornal, escrevi sob o pseudônimo de Suzana Flagg muitas histórias, inclusive um folhetim que fez muito sucesso e ainda faz até hoje: *Meu destino é pecar*. Escrevo novela também para televisão e faço duas crônicas esportivas diárias, no *Globo* e no *Jornal dos Sports*. Aos domingos participo da *Resenha Facit* na televisão e me considero um mártir do trabalho.

Seu único sonho declarado é a ociosidade.

— Eu gostaria de não fazer absolutamente nada.

Nelson nasceu no dia 23 de agosto de 1912. É Virgem. Isto é, seu signo é Virgem.

Continuamos com Jung, sem informar a Nelson a origem das perguntas:

— O fato de o homem sempre pressupor outra psicologia como sendo igual à sua impede o entendimento exato da psique feminina?

— Não, não impede. Mesmo porque eu acho que, como a mulher é pouco desenvolvida, psicologicamente subdesenvolvida, os seus mistérios são muito menos densos que os masculinos. A complexidade da mulher é, repito, muito mais rala do que se pensa. O seu mistério é um falso mistério, é o cristalino mistério, de uma transparência ideal.

— É certo dizer que a psicologia feminina está fundada no princípio de Eros e a do homem no princípio de Logos?

— Mas você realmente é profunda, hein, meu anjo?

Nelson usa muito as expressões "meu anjo" e "meu coração".

— A mulher só é feliz, só se realiza, só existe como mulher, no amor. Eu até hoje, até hoje não encontrei, fora a moça aqui presente, não encontrei uma mulher da qual pudesse dizer "Eis uma inteligência". Sem nenhum prejuízo para o seu mérito, a mulher é de uma inteligência muito escassa. Muito escassa porque a sua qualidade, a sua qualidade humana, se resolve, se decide noutro plano de vida. Ou melhor dizendo, se resolve através do sentimento. O que predomina na mulher é o sentimento. O homem pensa, a mulher imita. Toda a vida espiritual da mulher é uma imitação, imitação do pai dela, do homem que ela ama, de autores que ela prefere. Sua capacidade de pensar por si mesma é precaríssima.

— *A mulher só pode alcançar pleno desenvolvimento através do amor...*

— É claro.

— *...assim como o homem através do espírito...*

— É.

— *...e que o amor e o espírito precisam um do outro para se completar? (Ainda Jung.)*

— Você fez a pergunta e você respondeu. Ou a mulher ama e se realiza pelo amor ou então se transforma num macho mal-acabado.

— *Se a mulher moderna está ciente de que só no estado de amor ela atinge o seu máximo, e se esta consciência a leva à realização de que o amor está acima da lei, é natural que se revolte?*

— Meu coração: em primeiro lugar, a mulher não está ciente disso. E porque não está ciente, porque ignora por burrice, ou finge ignorar, o que também é uma burrice, a mulher paga, a mulher paga justamente pela sua frustração amorosa. Toda mulher que se dedica a qualquer atividade que não seja a sentimental, ela paga por isto com uma neurose profunda. Toda mal-amada é uma neurótica, muitas vezes irremediável.

— *É verdade que, ao contrário do homem, o amor feminino não é um sentimento, mas um desejo de vida que, algumas vezes, nada tem de sentimental e que pode até levá-la ao auto-sacrifício?*

— Bom, esta pergunta tá vagamente obscura. Mas eu vou responder. Você fala em sacrifício? Mas tudo isto é um movimento ainda do amor. Se a mulher se sacrifica, se a mulher se mata, se a mulher renuncia, tudo isto deve ser e tem que ser para bem dela. É um movimento do amor, um movimento das potências, das potências do seu coração.

— A mulher tem uma individualidade feminina ou é vazia e somente existe como um meio para as projeções masculinas?
— Não. A mulher tem uma capacidade fundamental, que considero fabulosa. Enquanto vive para seu amor, e consegue realizá-lo, atinge sua furiosa plenitude. Mas, se por azar, ou por qualquer outro motivo, se desvia do seu verdadeiro destino feminino, então se aniquila.

Nelson fala olhando para a fita, e não na direção do microfone. Não olhou para mim nenhuma vez enquanto respondia. A cinza continua caindo na roupa. Joga o cigarro no chão, em cima do tapete. Fiz menção de apagá-lo e ele antecipou-se, pisando-o.

— Você acredita que o amor pelo homem é uma característica marcante na mulher, e o amor pelas coisas é algo excepcional por não estar de acordo com a sua natureza? (Continuamos insistindo em Jung.)
— Eu acredito. Acredito que a mulher, ela precisa de amor, precisa do homem. Mas ela precisa do homem — isto pode parecer que estou chovendo no óbvio —, mas precisa do homem de uma maneira fundamental. Não precisa *do homem*. Ela precisa do ser amado. Eu não digo aí *do homem* apenas a relação física, a relação prática marido/mulher. Eu me refiro, eu me refiro sobretudo a uma relação de amor, amor autêntico, profundo, definitivo e irreversível.

Nelson é o profeta, o prometido, o filho, o próprio adjetivo, que rola na boca com evidente prazer. Qualquer adjetivo é uma festa, mas há os prediletos. Em relação à mulher, o que mais usa é "chata". A mulher chata é uma figura indispensável no seu teatro e na sua filosofia.

— Você acha que opiniões inconscientes de uma mulher podem irritar o homem a ponto de levá-lo a um clima neurótico?

— Eu acho que a mulher, eu sempre digo que a mulher ideal, é chata. Porque toda mulher realmente feminina é, repito, chata. Quando a mulher tem muito charme, é muito agradável e faz da vida do homem uma delícia, estejamos certos de que sua feminilidade é muito relativa. A mulher verdadeiramente mulher, profundamente mulher, e só mulher, sem nenhum traço de homossexualidade, é, tem de ser, nasceu assim e vai até a morte assim, chata. *(Acentuem a palavra "chata", para termos o discurso no tom exato.)*

— O que o homem tem para dizer sobre o erotismo feminino e especialmente sobre a maneira de a mulher sentir a vida é derivado, na maior parte, da projeção da imagem que ele faz da mulher ideal?

— Diz isso outra vez.

(Digo.)

— Deixa eu ver. Meu anjo, o homem tem realmente, qualquer homem, um ideal de mulher. Mas é um ideal rigorosamente inexeqüível. É uma utopia que ele não realizará nunca e que nem ele espera realizar. De sorte que, quando o homem pensa na mulher e fala na mulher, nem sempre ele projeta essa imagem que sabe irrealizável. E ele então, ele então trai o amargor de todos os seus desencantos. Ele então revela, sem querer, o seu amargor. Quer dizer, o amargor de todos os seus desencantos no plano sentimental. Aí tá a grande tragédia do homem, e aí tá a explicação de sua infidelidade.

Segundo Nelson Rodrigues, "o homem trai porque, apesar de tudo, procura o amor impossível".

— Você acha um mistério a compreensão da feminilidade?

— Mistério como? Não, meu anjo, eu disse aí, eu respondi que o mistério feminino é muito escasso, muito ralo, porque a mulher não desenvolveu bastante a sua complexidade. Portanto, eu não sinto esse mistério.

— A mulher tem características masculinas, assim como o homem tem femininas, para se ver salva de seu instinto feminino, para não se ver perdida no mundo dos homens?

— Olha, o ser humano é o único que tem em si o dom de se degradar, até se transformar no contrário de si mesmo. Por outras palavras, o ser humano pode se desumanizar. O tigre será sempre tigre, ou a lacraia sempre lacraia. O homem é o único ser que pode ser outra coisa. Isso acontece, por exemplo, com a mulher que usa biquíni. Uma mulher de biquíni é uma mulher que se desumaniza. Ela se coisifica. Ela é uma coisa, é outra coisa que não uma mulher. E então, assim como a mulher pode se desumanizar, ela pode se perder, ela pode degradar-se, degradar a sua feminilidade até se masculinizar. Por uma vida errada, por hábitos errados, por idéias erradas, por ações erradas, a mulher pode virar aquilo que eu chamei de macho mal-acabado.

Há alguns personagens de citação obrigatória em qualquer discurso de Nelson Rodrigues: Napoleão, entre os homens, e Madame Bovary, entre as mulheres, são os mais populares, como se vê a seguir:

— A mulher ama a fraqueza dos homens fortes mais do que a sua força, e a burrice dos homens inteligentes mais do que a sua inteligência?

— Meu anjo, a mulher gosta de admirar. Até a esposa ou a amante de um mata-mosquito precisa achar que ele é um, é um, vagamente, um Napoleão. Quando a mulher percebe a burrice do homem, isto lhe causa um dano. A mulher tem sempre muito de Madame Bovary. A mulher é uma bovarista feroz, de forma que o que sucede é que muitas vezes ela come gato por lebre e pensa que um débil mental de babar na gravata é um inteligente. Na ilusão desta inteligência é que ela vive e sobrevive. Agora: eu creio que, quando a mulher percebe que o marido é burro, ou que o namorado é burro, ou que o noivo é burro, isto lhe causa um trauma dificilmente recuperável. Tô errado?

— *O casamento para o homem é uma instituição e para a mulher é um relacionamento humano e erótico?*

— O problema é o seguinte: como geralmente a mulher escolhe o marido errado, e o marido escolhe a mulher errada, aquele entusiasmo inicial dos primeiros oito dias, durante os quais até uma víbora, até uma lacraia ficam interessantes, o amor, a relação amorosa, cai num ponto morto e vem uma amizade que é menos do que um sentimento, é um hábito, é uma rotina. E o ser humano gosta muito da rotina, vivendo e sobrevivendo na base de hábitos. No fim de certo tempo, a relação erótica entre marido e mulher soa quase como um incesto.

Segundo Nelson, ele tem um amigo que sente o maior constrangimento, a maior vergonha e o maior escrúpulo quando deseja, quando se surpreende desejando a mãe de seus próprios filhos. Cita sempre esse amigo como exemplo.

Toda vez que há uma pausa entre pergunta e resposta, ou que interrompe o que está dizendo, pede para desligar o gravador. Acha "uma coisa melancólica" gravar essas pausas.

— *Há os que dizem que nós nos enganamos quando supomos que muitas mulheres casadas são neuróticas somente porque estão sexualmente insatisfeitas ou porque ainda têm fixação em sua sexualidade infantil. Que a verdadeira causa da neurose é, em muitos casos, a incapacidade de reconhecer o trabalho que as espera no sentido de ajudar a construir uma nova civilização. (Quem disse foi Jung.)*

— O homem, o homem pode ter esse problema, esse problema mais amplo, mais geral. Agora, a mulher, eu creio, a mulher normal, ela é muito limitada em suas aspirações, nas suas concepções. Para ela, o grande problema é aquele problema restrito de sua pessoa e das pessoas imediatas, como marido, filho, vizinhos. Eu não sinto, na maioria das mulheres que conheço e que cruzaram comigo, eu não sinto nenhuma inquietação nesse sentido. E digo mais: toda vez que uma mulher quer reformar o mundo, quer construir a nova civilização — para usar a ênfase da pergunta —, ela se torna um tipo vagamente humorístico e realmente sofredor. Toda mulher que saiu do recinto da sua vida conjugal, da sua vida amorosa, da sua vida sentimental, da sua vida familiar, onde ela realmente se realiza, é uma fracassada, ela se torna uma fracassada, e começa um processo, o processo da sua autodestruição.

Insisto em Jung, agora pela última vez.

— A mulher de hoje está indubitavelmente sofrendo o mesmo processo de transição que o homem?

— Eu acho. O que eu acho é o seguinte: é que a mulher tende a, tende ao, eu... Tô gaguejando pra burro, desculpe. Eu acho que a mulher tá vivendo completamente errada e nunca, e realmente ela nunca foi tão infeliz, nunca experimentou uma angústia, uma angústia tão forte. Se nós compararmos a mulher de agora, a mulher moderna, emancipada, com liberdade sexual, com liberdade econômica, nós verificamos que realmente essa liberdade, ou essas liberdades, não a faz feliz e, pelo contrário, essas liberdades a frustram. É muito difícil encontrar uma mulher feliz, uma mulher equilibrada, uma mulher tranqüila. As mulheres, em geral, só não vão em massa ao psicanalista porque a psicanálise custa muito caro e poucas têm capacidade econômica para tratar sua angústia. Mas a verdade é que a mulher moderna já fracassou.

Partindo do ponto básico da filosofia nelson-rodriguiana, perguntei-lhe se a mulher realmente gosta de apanhar.

— Isso é o óbvio ululante (*expressão freqüentíssima em Nelson*). Evidentemente, quando eu digo que a mulher gosta de apanhar, eu não quero dizer apanhar a toda hora, a todo instante e de todo mundo. Ela gosta de apanhar do ser amado. Mas é claro que, quando eu digo que a mulher gosta de apanhar, eu tô falando — isso é preciso repetir, especificar para evitar confusão —, eu me refiro não a todas as mulheres, somente às normais. Eu digo, e mais uma vez repito, que a neurótica reage. A mulher deve ser tratada como uma rainha, mas, na relação entre homem e mulher, sempre chega um momento em que a mulher provoca, a mulher testa o sentimento masculino, a mulher procura saber até onde chegaria o homem.

Nelson estabelece aqui um exemplo: um bate-boca entre mulher e homem.

— Num bate-boca a gente diz o que quer e o que não quer. Vamos que a mulher de repente vire-se pro homem e diga ao homem: você não é homem! Se nesse momento ele a esbofetear, evidentemente essa bofetada não será uma humilhação. A mulher, por mais que na hora grite e chore e esperneie e xingue, na verdade ela foi tocada de uma maneira muito especial, e preferirá muito mais essa violência do que a passividade masculina. Se o homem não reagisse, ela ficaria atrozmente decepcionada. A mulher gosta que o homem se imponha brutalmente.

— Você bate na sua mulher?

— Mas eu, meu coração, eu disse que a mulher gostava de apanhar, não disse que o homem gostava de bater. E, aliás, esse é um dos defeitos masculinos. O homem, o homem trata a mulher normalmente, em todas as ocasiões, com um mínimo de polidez, polidez que nem sempre é adequada. É muito comum uma mulher dizer que não gosta de homem meloso. Isso é normalíssimo. Agora: o que eu aprendi com a vida, e aprendi observando e meditando sobre as minhas observações, é que só reage a mulher neurótica. A mulher normal fica mais unida, fica mais próxima, fica mais sensibilizada pelo homem.

Pergunto a Nelson se pancada é terapêutica, e ele diz que, "por exemplo, num ataque histérico, na hora do ataque, a pancada é duma eficiência esmagadora".

— A mulher sabe por que está apanhando, mesmo quando você não sabe por que está batendo?

— A mulher sabe, a mulher sabe. Ela tem para isso um instinto maravilhoso. Ela sabe por que apanha e sabe que devia apanhar.

Parto agora de Simone de Beauvoir:

— Nem todo ser humano do sexo feminino é necessariamente mulher? Está faltando feminilidade? — É muito comum a mulher, o macho mal-acabado, quer dizer, a mulher que não tem justamente essa feminilidade plena. E do mesmo modo o homem. Por isso é que se diz que é muito fácil arranjar um marido e muito difícil arranjar um homem.

Insisto em Simone:

— Deve haver uma distinção no tratamento da mulher e do homem ou os dois devem ser, antes de tudo, considerados como seres humanos?
— Não. Antes de tudo, um deve ser considerado homem e outro deve ser considerado mulher. É preciso fazer esta discriminação.

Deixo Simone de lado. Nelson acende mais um cigarro.

— A mulher deve ter mais filhos do que pode cuidar com atenção?
— Sou inteiramente a favor da família numerosa. Eu considero o filho único um monstro de circo de cavalinho, um mártir, mártir do pai, mártir da mãe e mártir dessa circunstância de ser filho único. As famílias numerosas são muito mais normais, mais inteligentes e mais felizes.

Nelson acha que todo pai deve ter muitos filhos, mesmo sem condições de dar-lhes uma boa educação. Não poder educar todos os filhos é "um ônus da natureza".

— A mulher deve trabalhar?
— Não. Eu considero que uma das fontes da angústia feminina de nosso tempo é o trabalho. O trabalho, o trabalho é realmente um flagelo bíblico. Eu trabalho desde a minha infância, aos 13 anos era jornalista profissional, e sempre achei o trabalho uma degradação. O simples fato de ter um patrão, de ter um chefe, de haver uma hierarquia profissional, de haver quem mande na gente, as pressões que o empregado sofre, que o trabalhador sofre, eu

considero tudo isso profundamente deprimente. E no caso da mulher, a mulher não tem estrutura, não tem estrutura para trabalhar fora do seu ambiente. Fora do seu ambiente que eu digo é fora de sua casa, fora do seu casamento, fora do seu recinto familiar, do seu estrito recinto familiar. Não vi até hoje uma mulher que trabalhasse e que fosse feliz no trabalho.

— *Pai e mãe têm o mesmo valor hierárquico ou você acredita num matriarcado ou patriarcado?*

— Eu acredito no patriarcado.

— *Há quem afirme que "quase sempre é a mulher que vai morar com o esposo, o que basta para demonstrar a primazia do macho". (Simone de Beauvoir)*

— Mas a primazia do macho não está demonstrada só aí. Tá demonstrada por um, mil e outros, mil outros, outros, mil e uma indicações a mais.

— *"Ninguém nasce mulher: torna-se mulher." (Simone)*

— Eu disse que a mulher pode se masculinizar e o homem pode, por sua vez, perder a sua masculinidade através de uma vida errada, da degradação de suas características. Portanto, acredito sim.

— *Tem gente que acha que se deveria inaugurar a estátua da mulher irresponsável. (Quem acha é o próprio Nelson.)*

— Claro que a mulher, claro que o grande mistério do ser humano, seja ele homem ou mulher, é a responsabilidade. Mas eu vejo que do homem para a mulher há responsabilidade distinta. A mulher tem responsabilidade definida, precisa, junto ao filho e junto ao marido, como mãe. E você me perdoe, mas eu vou recorrer a uma velha e desmoralizada imagem que, no entanto, me parece perfeitamente válida: a mulher-musa, a musa. É assim que a mulher é responsável, tem essa série de responsabilidades. Agora, naturalmente, querer atribuir-lhe outras fora de seus limites, de seu limite necessário, obrigatório, é condená-la à autodestruição.

— *Algum marido pode desconfiar da mulher às dez horas da manhã?*

— Bom, o marido só desconfia a partir das duas, três, quatro horas da tarde. Às dez horas da manhã qualquer mulher pode prevaricar — na hora da feira, por exemplo — com absoluta segurança.

— Mulher bonita só deve ser de um homem ou de mais de um?
— Bom, eu acredito, eu acredito no amor eterno. Na minha opinião, se o amor acaba, não era amor. Acredito que a mulher só deve ter um homem. Se ele for o ser amado e se morrer, ela deve continuar fidelíssima. Não há adultério tão indesculpável como a viúva bem-sucedida no seu primeiro casamento e que se casa. Esse adultério não tem perdão nem no céu nem na terra.
— Mas você fala em amor eterno quando havia dito que depois dos primeiros oito dias do casamento o amor acaba.
— Mas, meu coração, é que naquela hora eu especifiquei que, como geralmente o homem se casa com a mulher errada e a mulher se casa com o marido errado, oito dias já me parece muito.
— Beleza em mulher acaba virando monotonia?
— Eu acho. A mulher não deve ser muito bonita. A mulher perfeita, a beleza, tem uma monotonia visual que vai se agravando com o tempo. Por isso é que os homens bonitos, depois da primeira fase, acabam entrando por um cano deslumbrante. E a mulher muito bonita, bonita demais, também. Eu não conheci uma mulher linda que fosse feliz no amor. Todas elas são frustradas, e um exemplo típico é a Ava Gardner, que vive bebendo como uma gambá, é uma pau-d'água porque tem sido duma infelicidade amorosa atroz.
— "O homem é polígamo por natureza e uma mulher só não basta"? (Nelson Rodrigues)
— Eu acho que o homem muito infiel é pouco homem. Isso é uma prova de masculinidade escassa. O homem que precisa do afrodisíaco da novidade, do novo amor, para se realizar sexualmente dá de si próprio uma triste idéia.
— É verdade que os homens estão ficando com os cabelos compridos e as idéias curtas?
— Eu acho o seguinte: que, em nossa época, a mulher tem sido pouco mulher e o homem pouco homem. Essa é a grande marca da nossa época. Tá havendo, assim, uma degradação recíproca de características sexuais. Isso no plano físico e no plano psicológico, evidentemente.

Sobre a moda de hoje:

— Eu não sei se ela desumaniza a mulher. Eu sei é que destrói a sua feminilidade.

Das mulheres com pouco busto e sem quadris:

— São pouco femininas. Isso também é uma das marcas do nosso tempo. Mulher sem busto e sem cadeiras e homem de muito quadril e de muito cabelo. É o que eu disse: nunca o homem foi tão pouco homem e a mulher tão pouco mulher.

Do vestido:

— Olha, o problema do vestido é de alta complexidade. Quem faz o vestido para a mulher são costureiros, quer dizer, homens que desmunhecam e que assumem, quer eles queiram ou não, uma atitude competitiva com a mulher. Eles não estão absolutamente interessados na graça da mulher como tal, isto é, como mulher. Eles, como concorrentes, eles trabalham no sentido de reduzir, de eliminar, de suprimir tanto quanto possível os encantos femininos. Por isso é que é raro um vestido que valorize a mulher aos olhos do homem.

— *E o biquíni?*

— O biquíni, dizia eu mais atrás, o biquíni é a coisa mais dolorosa, mais deprimente que a gente vê. Em Copacabana, por exemplo, eu passo todas as manhãs a caminho da cidade, passo de táxi pela praia de Copacabana. E vejo pequenas, meninas, adolescentes de corpos maravilhosos comprando Grapette. O que eu considero deprimente, aviltante, é a indiferença do rapaz, do criolinho do Grapette, diante daquela nudez que devia ser deslumbrante e que não interessa absolutamente a ninguém, deixou de interessar. É uma nudez gratuita e irresponsável e que, portanto, não causa mais nenhum impacto. Esse barateamento do nu transforma a mulher, como eu disse e aqui repito, transforma a mulher numa coisa. Ela deixa de ser mulher, ela deixa de ser interessante, ela perde todo o seu valor, toda a sua qualidade pessoal e humana.

— *Por que é que "toda noiva tem complexo de rainha"? (Nelson Rodrigues)*
— De rainha? *(Pausa)* Porque aquele é o seu momento de rainha. Eu diria, sobretudo no nosso tempo, quando o casamento começa e acaba no dia. No dia porque já não há mais primeira noite. Antigamente, a primeira noite era o grande charme do casamento, a noite de núpcias. As pessoas se casavam pensando acima de tudo nesse instante supremo. Hoje não. Hoje a primeira noite é a centésima, a qüinquagésima, porque se faz, com a liberdade sexual, se faz uma antecipação. O casamento já é rotina antes de começar.
— *Por que é que "toda mulher gosta de casar"? (Nelson)*
— Bom, por causa da cerimônia. O casamento, o casamento é a cerimônia, o casamento é o vestido de noiva. E se uma pessoa chegar diante de qualquer mulher, seja ela uma messalina ou uma santa, e propuser um casamento, ela ficará com água na boca. Não importa o homem, não importa o marido, não importa o casamento como uma solução sentimental amorosa. O que realmente fascina é o casamento em si, também como mito. O casamento é um mito deslumbrante para a mulher.
— *"Há um princípio bom que criou a ordem, a luz e o homem, e um princípio mau que criou o caos, as trevas e a mulher." (Pitágoras)*
— A mulher não tem nada a ver com o caos. A mulher é rotineira, a mulher gostaria da ordem, e o lar e o casamento são justamente a vida organizada, deve ser o anticaos, deve ser a ordem, deve ser a estrutura imutável.
— *Qual a idade ideal da mulher?*
— A idade ideal da mulher para o homem é aquela, é quando ele começa a gostar dela. A mulher amada que o homem começa a amar, a partir desse momento ela tem a idade ideal, enquanto durar esse amor.
— *"As mulheres são metade vítimas e metade cúmplices, como todo mundo."(Sartre)*
— A vítima, a vítima nunca é totalmente vítima porque, como chata — e digo *chata* sem nenhuma intenção restritiva, mas ape-

nas como quem constata o óbvio —, como chata ela sempre se vinga e sempre reage, mesmo sem querer, porque ela nasceu assim e será assim, eternamente assim. E, agora, como eu dizia, eu dizia que todo casal tem uma vítima e é preciso lutar, lutar com unhas e dentes para não ser essa vítima. Mas admitir que um casal seja igualmente feliz, isso é uma utopia. Tem que haver uma vítima, e o desejável é que essa vítima se conforme, seja uma vítima consentida.

— "Ser mulher é uma desgraça, mas a pior desgraça, quando se é mulher, é não compreender que sê-lo é uma desgraça." (Kierkegaard)

— Eu acho o seguinte: pior desgraça do que ser mulher é ser homem, é ter nascido. Nascer é a grande provação, ter nascido é a grande provação de todos nós.

— É só?

— Deus te abençoe.

É só.

EU SOU ASSIM
UMA ENTREVISTA DE MILLÔR FERNANDES
Jornal do Brasil, 03/09/1967

Sei muito mais coisa do que Shakespeare.
Ninguém faz tradução melhor do que eu.
Meu desenho é um negócio ótimo, ué.
Meu teatro é o mais importante que se faz.

Millôr Fernandes

SEU ATELIER NA PRAÇA GENERAL OSÓRIO É NUMA COBERTURA, CHEIO DE bossa, todo branco com portas em azul-colonial. Começamos logo a conversar, ele gostou de meus óculos, pediu que os colocasse para ele ver. O papo inicial girou em torno da exploração de que fazem uso muitas companhias para sua promoção. Millôr gozou e criticou. Pediu depois que eu fizesse as perguntas da entrevista. Antes, pelo telefone, ele havia combinado que só concordaria em dar a entrevista se fosse para criticar a crítica.

— Não estou com vontade de agredir ninguém, não. Você me faça as perguntas.

Começamos pela sua contribuição pessoal nas traduções, em que se julga mestre:

— Eu melhoro, mas com uma tal sutileza, que você não poderia dizer jamais que qualquer das traduções consideradas fiéis, absolutamente fiéis, é menos fiel que as minhas. Eu sigo à risca tudo o que o autor quer. Agora, apenas o seguinte: de repente eu pego um Shakespeare — e aí é uma coisa que eles não me perdoam, esses criticóides aí — e, se eu cismo que tem um troço errado nele, tranqüilamente eu melhoro. E acho que melhoro realmente porque eu já li Shakespeare, você entende, e ele nunca me leu. Eu tenho mais quatrocentos anos de vida do que ele, então eu sei muito mais coisa do que ele. Não adianta o pessoal querer me convencer do contrário. Agora, isso a gente só deve fazer dentro de uma segurança absoluta a respeito do que está fazendo.

"Pego o espírito do livro, ninguém pega espírito de obra, não. Isso é mentira. Ninguém sabe o que Shakespeare pensou, ninguém sabe o que eu penso em conjunto, a não ser umas coisas e outras — nem eu sei o que eu penso —, embora eu saiba as coisas em que eu posso pensar e as que não posso pensar. Isso de um modo geral. De repente eu me surpreendo comigo mesmo, é claro. Mas dizer que isto está no espírito de Shakespeare, aquilo não está no espírito de Shakespeare, isso é besteira. Eu faço umas coisas no espírito de Shakespeare, aí, e todo mundo diz que é dele."

Millôr ri de sua frase. Aparentemente gosta muito do que diz (e do que faz).

— O que você acharia de ser traduzido por um Millôr Fernandes de um outro país?

— Ué, eu acharia que tinha tido a melhor oportunidade possível. Não tem ninguém que faça isso melhor do que eu, não. Você acha que tem?

"Continuo a fazer tradução na medida do possível. Me atrapalha, você entende, eu acho que sou muito mais importante do que as traduções que faço. Por exemplo, das traduções que eu fiz, me interessam o Shakespeare, o John M. Singe — que é um autor irlandês — e o Molière — que não me interessa especialmente, mas a tradução ficou muito boa. Agora, esses autores modernos não me interessam porque eu posso contribuir em alguma coisa para eles; eles não contribuem em nada para mim.

"E eu escrevo uma peça com a mesma facilidade com que traduziria. Me dá muito mais prazer, é muito mais empolgante fazer a minha própria peça."

Pergunto a Millôr se ele traduz do alemão.

— Meu alemão só dá para ler figura, sabe como é que é? Mas dá sempre para consultar uma coisa ou outra. Falar eu falo português, só. Ninguém fala duas línguas, isso é mentira deles também. A gente fala o quê? Fala uma coisinha, pede um café, conversa. Duvido que alguém fale na língua dos outros com a fluência com que estou falando na minha. Você já viu alguém falar assim, sabendo escolher as palavras, sabendo dizer com precisão o que está pensando? É mentira. Quando a pessoa mora muito tempo num lugar, esquece a outra língua. Você já viu inglês que mora há vinte anos no Brasil, como é que fala português? Você tem que olhar a realidade; não olha o que as pessoas dizem, não. Você já viu esse inglês falar com precisão, conseguindo dizer uma frase humorística de modo a que você ria dela e não do inglês?

"Falar uma língua é pegar o espírito do povo. Se você quiser que eu fale inglês, eu falo, ué, mas isso não é falar inglês. Você quer que eu diga o quê? Que eu peguei o gravador e fui levar pra rainha da Inglaterra? Eu digo isso. Agora, eu duvido que eu me exprima, que eu diga a palavra *fruir* quando eu não quero dizer a palavra *me deliciar, gozar,* você compreende? Isso a gente não diz na língua dos outros, não. Mas pra uso corrente eu falo inglês, italiano, francês mais ou menos, espanhol jamais e só.

"Pra traduzir consulto dez mil dicionários."

Aponta os dez mil dicionários, empilhados numa estante que vai até o teto. Nas paredes, desenhos seus. Num canto, uma prancheta com muitos copos e pincéis.

— Meu desenho é um negócio ótimo, ué, você sabia disso? Não tenho feito exposições, só tenho duas. Ganhei um prêmio numa bienal no Canadá, depois mandei pra Itália e pra Argentina, onde também ganhei um prêmio.

"Quero deixar de traduzir e só fazer as traduções que as pessoas exigirem de mim, que forem muito importantes. Mas de preferência não quero fazer nenhuma, não. Eu já fiz o que tinha que fazer.

Quero é fazer meu teatro mesmo. Teatro, meu desenho e música popular. É o que me interessa.

"O meu teatro, o que que você quer que eu fale? Quer que eu ache que é o mais importante que se faz? Eu acho."

Millôr ri.

— Sobre *Flávia, cabeça, tronco e membros*: eu considero uma peça importantíssima que eu escrevi há quatro anos. E como acontece no Brasil, eu tenho a maior dificuldade de montar porque são 23 personagens e envolve o problema de tudo — de política, de homossexualismo no Exército, entre os padres, é a história do esquartejamento de uma mulher, afinal um crime que tem uma refração muito grande. A interpretação da peça é muito difícil do ponto de vista de montagem, de modo que a gente fica assim, sem poder se realizar como autor. Não sei qual é a saída para montar *Flávia*. Mas é uma peça que considero a melhor que eu fiz, fácil.

"É uma peça muito importante, mas no Brasil você tem esse problema: pra você se afirmar, você tem que lutar pela montagem de qualquer coisa. Mas estou muito satisfeito com o teatro que estou fazendo. No momento, estou adaptando *Os três mosqueteiros*. Não é de brincadeira, não. É sério — tudo que eu faço é seriíssimo. É de gozação, é claro. Sempre na base do humor; eu não acredito em outra coisa. Não acredito em nada que não tenha humor. Acho que inclusive o mundo está cada vez mais dominado pelo humor, apesar dessa coisa terrível que é o mundo de hoje, de bomba atômica e tudo isso. Acho que afinal conseguimos chegar a alguma coisa. As artes plásticas estão dominadas pelo humor, o cinema, também. Tem filmes sérios, mas a maior parte deles tem uma gozação de tudo, da sociedade, das relações humanas e tudo o mais. Eu acho que o humor é a quintessência da seriedade, é a coisa definitiva.

"As pessoas impostadas que acreditam em coisas finais, em títulos, em sabedoria adquirida, essas pessoas vão dominar o mundo ainda durante muito tempo. Mas elas estão definitivamente ultrapassadas."

Pergunto-lhe com que palavra gostaria de se definir diante do grande público sem ser com o rótulo costumeiro de humorista.

— Eu não quero ser chamado de nada. Quero ser chamado de Millôr, de modo geral, e de *meu bem*, na intimidade. Só isso, mais nada.

"EU JÁ DECLINAVA PARA NÃOEZAS"
CHRISTINA AUTRAN ENTREVISTA
O ESCRITOR QUE NÃO DÁ ENTREVISTAS
Jornal do Brasil, 07/07/1967

D<small>E</small> F<small>LORDUARDO</small> P<small>INTO</small> R<small>OSA</small>, <small>COMERCIANTE</small>, <small>E</small> C<small>HIQUINHA</small> G<small>UIMARÃES</small> Rosa, foi em Cordisburgo, no interior de Minas, que nasceu João. Alto, cabelos grisalhos, 59 anos, ex-médico na roça e ex-médico da Força Pública, diplomata, escritor, membro da Academia Brasileira de Letras, até hoje não empossado por não se ter proposto a preparar seu discurso, assim é Guimarães Rosa.

Quando cheguei a seu gabinete no Itamaraty — a Divisão de Fronteiras —, estava sentado em uma grande mesa cheia de livros e papéis. Em frente dela, na parede, um retrato do barão do Rio Branco. Guimarães Rosa usava um terno meio esverdeado, camisa branca e gravata-borboleta — uma constante — estampada. Do bolso, um lenço branco despontava. Levantou-se logo que me viu, cumprimentou-me carinhosamente com um "minha flor" e dois beijinhos.

Logo que viu o gravador, que eu trazia para a entrevista que me havia prometido, disse que não tencionava gravar nada, que era melhor batermos um papo primeiro. Ficamos no papo.

— Sinto uma enorme pena de ter que recusar. Mas você entende, minha flor, se eu fizer essa concessão pra você, vou ofender os outros a quem neguei até hoje uma entrevista.

Pediu para ver as perguntas que eu havia preparado — "Que engraçadinhas!" (adora esta expressão, pois a usa freqüentemente) — e as lê tirando os óculos arredondados e chegando o papel bem perto dos olhos, de um azul-esverdeado. Tem grandes entradas e fala com muita doçura e simpatia. Parece muito calmo.

Sugere-me, então, um modo de fazer a entrevista sem que ele preste alguma declaração: ou fazer uma antologia com trechos de seus livros ou fazer perguntas em que as frases de sua própria obra pudessem ser a resposta.

— Como é, minha flor, você está contente com as minhas sugestões?

Estava triste. Não era bem aquilo que esperava.

— Assim não vale, você está femininamente tripudiando.

Guimarães Rosa foi sargento do soldado JK, que uma vez o chamou ao telefone e disse:

— Sargento Rosa, aqui é o praça Juscelino. Acabo de nomeá-lo embaixador.

Sempre interessado no estudo das línguas, um dia o médico Guimarães Rosa encontrou-se com um amigo que lhe perguntou por que não seguia a carreira diplomática. Pensou no caso e acabou por aceitar o conselho. Veio para o Rio e passou no concurso em segundo lugar. Serviu dois anos em Paris e na Colômbia, quatro e meio na Alemanha.

— Mudei muito em minha vida, nasci lá no interior, fui médico. Mas nós, no fundo, conhecemos muito pouco de nós mesmos.

Um dos telefones toca, ele atende o errado, acaba por acertar:

— Olá, minha flor... Você é um anjo... Você é um amor... Muito obrigado, meu bem... Estou com saudade de você... Um grande, grande abraço.

Senta-se novamente ao meu lado, muito preocupado em que eu me tornasse amiga sua.

— Queria muito que você fosse minha amiguinha *(usa muito o diminutivo).*

Pega na estante suas Primeiras estórias *e me lê trechos explicando como poderia aproveitá-los para nossa pseudo-entrevista.*

— Essa explicação de Guimarães Rosa é muito engraçadinha, não? *(Fala de Guimarães Rosa como se fosse outra pessoa que não ele mesmo, desligada de sua personalidade habitual.)*
"Escrever, pra mim, é uma necessidade. Às vezes fico com uma história anos e anos na minha cabeça, sem encontrar uma forma de expressão. Até que um dia sai. Se fosse escrever mais cinqüenta anos, não escreveria tudo que está na minha cabeça. Sou muito lento. Muitas vezes engano a consciência, invento um trabalho pra fazer bem na hora em que havia decidido escrever.

"Escrever é muito árduo e não acostuma a gente, não. Eu acho sempre mais difícil."

Guimarães Rosa não gosta de falar da infância — "um tempo de coisas boas, mas sempre com pessoas grandes incomodando a gente".
Conta muito caso, divaga em torno e acaba voltando ao ponto em que havia parado. Num desses casos falou sobre a beleza:

— Ser interessante é mais bonito que ter beleza. Hoje em dia a gente quer uma coisa com mais garra, mais pessoal.

O papo ficou por aqui. "Abasta." De despedida, mais um "minha flor" e mais dois beijinhos.

A NOITE DE CASTELLO
ENTREVISTA COM CARLOS CASTELLO BRANCO
Jornal de Brasília, 09/04/1975

ALGUÉM PERGUNTOU QUANDO COMEÇAMOS A CONVERSA.

— Vocês acham o Castello tão feio quanto o ex-presidente, o outro Castello?

E a gente respondeu:

— Achamos ele lindo. Baixinho, narigudo e lindo, esse que tomou banho de cuia, nadou no rio Paraíba, foi dormir em cama pela primeira vez aos 16 anos no Ita que tomou para o Rio de Janeiro, ocasião em que também pela primeira vez mordeu uma maçã. Ele, que não gosta de política como atividade — "a política é um pouco ofício de bandido" — e que conta:

— Escrevo a coluna sem nenhum objetivo, a não ser para dar informações. Não tenho nenhum interesse em salvar o Brasil, mas também não quero que ele se afunde porque a gente mora aqui.

No esplendoroso e sofisticado navio France, Castello já navegou e não afundou, a não ser em maravilhas culinárias, servidas por garçons de libré, ocasião em que exclamou: "Sou um pobre nordestino perseguido pela adversidade."

E nós nos jogamos a seus pés. Ao que ele advertiu:

— É um perigo, pois correm o risco de ser imediatamente correspondidas.

Porque somos jornalistas e Castello, o nosso oráculo — qualquer dúvida — cai bem, cai mal, é assim, é assado —, um telefonema pro Castello, e ele sempre dando força, carinho, ponderação, conselho. E, quando viajamos para o exterior recentemente, ouvimos contar que ele dizia: "Brasília não existe sem Christininha e Maria Ignez." Como não morrer de amores por Castello? Hoje ele lança um livro, e a gente está contente. Estaremos no hotel Nacional, às seis, junto a uma grande claque para receber o seu autógrafo. Dia de festa na arte do jornalismo político, aí vai a nossa imagem de Castello, numa entrevista a quatro mãos.
(Maria Ignez Corrêa da Costa e Christina Autran)

Chris: "Art is news that is always news." *E isso a gente sente muito no teu trabalho, o caráter de permanência no que você escreve.*

Ignez: *O livro não é uma prova disso?*

Castello: Escrevo pensando que estou sempre praticando um ato de extrema transitoriedade. Jornalismo é coisa que se faz todo dia e dura o tempo que dura o jornal. É uma atividade subalterna, superficial, pelo próprio contingenciamento da feitura do jornal. Daí que o jornalista é leviano e não pode dizer coisas com muita nitidez, tal é a pressão dos acontecimentos e a escassez do tempo que tem para escrever.

Ignez: *Você dá a impressão de falar mal sem que as pessoas sintam.*

Castello: Não pretendo falar mal de ninguém, ou melhor, pretendo dizer certas coisas sem ferir. O Benedito Valadares é que um dia me contou ter um problema porque estava escrevendo suas memórias, onde o Gustavo Capanema ficava mal, e comentou: "Mas o que é que posso fazer, se ele entrou mal na vida?" Para mim, ele sempre entra bem. Procuro não usar expressões que dêem um caráter personalista; não quero agredir pessoalmente ninguém. Minha intenção é só analisar, mas, se sinto que a pessoa está em má posição, não recuo por causa disso. Algumas vezes acho que o cidadão vai ficar agredido, e, no dia seguinte, me surpreendo com um telefonema de agradecimento.

Ignez: Sei que muita gente, muito político te telefona.

Castello: É, com certa freqüência, mas tenho horror de telefone, e político fala muito, nunca menos de quarenta minutos.

Castello é muito convidado para almoços e jantares. Até que ponto uma fonte de informação?

Castello: Depende do estilo da pessoa, mas nessas reuniões, ainda que não obtenha sempre informações, fazem-se contatos que podem ser úteis depois. Faço reportagem política desde 1949 e, depois dessa longa experiência, os políticos me procuram naturalmente, pois acham que a coluna é um bom veículo e que sou um jornalista idôneo: não sou porta-voz nem emissário de ninguém. No começo o relacionamento era importante para identificar quem tem ou não tem notícia, quem sabe e quem não sabe. Quando comecei, percebi que tinha uma massa de informações maior que a dos colegas, e com isso era grande o espírito competitivo, eu vivia cercado dos outros jornalistas, que ficavam preocupados em saber o que eu havia conseguido apurar. Mas descobri que as pessoas dão o que se pede, e enquanto a maioria dos jornalistas pedia favores e empregos, eu só pedia notícias.

Chris: Até que ponto a situação política te fez mais um analista que um repórter?

Castello: Não faltam informações. O que falta é liberdade, e por isso o jeito é escrever dizendo as coisas, mas escondendo as notícias, sem parecer que a gente sabe. É partir mais para o geral, ficar menos no particular. O pressuposto da análise são certas informações que tenho e que não posso tornar explícitas. De 1968 para cá, mudou muito o caráter da coluna. Antes era uma grande massa de informações. Hoje, o cidadão que conhece os fatos sabe que, por trás da coluna, se pode percebê-los, já que não podem ser ditos.

Ignez: Há quem diga que as observações de tua coluna são tão importantes que chegam mesmo a influir no encaminhamento da política do governo.

Castello: Acho que não exerço nenhuma influência. O caso é que o jornalista político acha que está influindo e por isso fica querendo orientar e com isso perde o distanciamento e a objetividade que deve ter.

Chris: *E como é que você consegue se distanciar do presente que é tão envolvente?*

Castello: Sou um inconformado com o regime de restrições decorrentes dos atos institucionais. Todos os governos da Revolução foram de boa qualidade, mas sou substancialmente contra o regime político em que se amparam estes governos. No meu comentário, tenho hoje um grau de participação na medida em que contesto o regime. Não estou dentro do jogo político, sou apenas contrário ao regime — não ao governo. E, se isso é motivo para estar preso, eu já deveria estar.

Ignez: *Você não acha que o jornalismo político está morrendo no Brasil?*

Castello: A renovação está se dando numa escala pequena, principalmente por causa da mudança da capital, que deslocou para Brasília o fato político, mas o grande celeiro do jornalista ainda é o Rio. Aqui, as sucursais ainda não têm autonomia suficiente para formação de equipe, e a grande escola, que é o Congresso, ficou fechada por seis anos, o que não deu chance à criação de quadros. Mas, na medida em que vai se revitalizando a vida política, o jornalismo vai se renovando. Não foi só a reportagem política que desapareceu. As grandes personalidades também estão desaparecendo, porque a política que vem sendo feita nos quartéis é sempre sigilosa, de Estado-Maior.

Castello tenta escrever de manhã, já que depois do almoço tem de se deitar, durante hora, hora e meia, às vezes dorme, e a coluna tem de ser entregue no jornal até as quatro para ser retransmitida ao Rio por telex e de lá para vários jornais do país.
A entrevista durou dois uísques:

— Comecei a beber praticamente depois que vim morar em Brasília. No Rio, quase não bebia; ia com Otto Lara, Fernando Sabino, Autran Dourado e Hélio Pellegrino pela noite, tomando cafezinhos de botequim em botequim. Sou um tímido e, nas reuniões aqui em Brasília, sentia necessidade, para manter um nível de conversa, de pelo menos uns seis uísques. Lembro de uma frase que li: "Toda a humanidade vive três uísques abaixo do normal." E depois não faz mal, não é pecado. A bebida só me afeta, às vezes, a memória, nunca a cabeça. No dia seguinte posso ter esquecido o que conversei, mas sei que conversei direito. A bebida não me tira do prumo.

Castello gosta de um biribinha. De pôquer não, por causa do temperamento tímido. Pedro Aleixo, que muito já foi jogar em sua casa, costumava dizer que, ao vê-lo abrir a porta, tinha a sensação de estar vendo o presidente Castello Branco.

Ignez: *Tua mulher já te confundiu com o ex-presidente na capa da Manchete.*

Castello: Eu achava ele muito parecido com uma minha tia velha do Piauí. Somos parentes longe. Ele e meu pai tinham em comum o mesmo avô. Sobre esse negócio da capa da revista, uma filha do Fernando Lara viu a foto e disse: "Mãe, olha o tio Castello"; ela explicou que não era eu. Mas virando a folha, a menina viu foto do marechal Dutra e afirmou: "Mas esse aqui é ele."

Ignez: *Por que tanta gente te adora?*

Castello: Mas tem muita gente que não gosta e tem ódio de mim. Eu, de uma maneira geral, também gosto das pessoas.

Ignez: *O que mais você detesta nelas e na vida? Você aceita teus defeitos e por isso os das pessoas também. Você não precisa da Virgínia Bicudo?*

Castello: Nunca senti necessidade. Porque como sou muito introspectivo, estou permanentemente em processo de análise.

Chris: *E tímido, você é?*

Castello: O Hélio Pellegrino certa feita gritava em plena avenida Rio Branco: "Sou tímido pra burro." Mas a primeira pessoa que me mostrou que eu não sou tão tímido assim foi Benedito Valadares, que costumava me dizer: "Você não é um tímido, é um reservado."

Chris: *E a sua voz, baixinha e pra dentro, vem daí?*

Castello: Tem a ver mais com os meus maus dentes. Sempre tive maus dentes, e, para não mostrá-los, falava sem abrir os lábios. Hoje os dentes estão consertados, mas o hábito ficou, aliado a uma voz naturalmente baixa.

Ignez: E a beleza?

Castello: Sou um homem fraco. Gosto de mulheres jovens e bonitas.

Ignez: E o que é isso, mulher bonita?

Castello: Vocês duas.

Castello trabalha sem tomar notas — tem memória profissional muito grande, e conta que Manuel Bandeira a partir de certa fase só dava entrevista a duas pessoas, a ele e a Lêdo Ivo, as duas únicas pessoas que reproduziam exatamente o que era dito.

Ignez: Você trata seu entrevistado como um inimigo? Foi esse o conselho que você um dia me deu.

Castello: O entrevistado é que precisa se defender. A posição do repórter deve ser sempre de ataque, seja estimulando as vaidades, descobrindo o ponto fraco, para aí extrair o que quer. O entrevistado é uma fortaleza e você deve escolher qual a melhor maneira de abordá-lo.

Aí perguntamos: — Descobrimos o teu ponto fraco?

Castello: Sinto que vocês não perguntaram tudo, ficaram com medo.

E respondemos nós: — É que a gente não consegue te tratar como inimigo.

CARLOS HEITOR CONY:
"QUANDO BEBO FICO MUITO INTELIGENTE"
Livro de cabeceira da mulher, volume 5, 1967

CONY MORA NUM APARTAMENTO DE FUNDOS EM COPACABANA. *ESPEREI algum tempo até que ele próprio, em bermudas, viesse abrir a porta. Entro numa sala grande, arrumadíssima, cheirando a limpa. Duas colunas ligadas por um arco fazem a separação de ambientes. Cony me convida pra ir até seu gabinete, uma salinha junto ao corredor. Tudo muito claro e limpo, estantes por toda a volta, uma mesa coberta com vidro, uma Remington velha. Embaixo da janela, um sofá de plástico azul-rei.*
Cony estava muito preocupado com o gravador por causa da sua rouquidão. Foi logo dizendo que era pra eu não pensar que ele estava bancando o difícil (porque eu havia custado a localizá-lo pra marcar a entrevista), mas simplesmente nossos horários não coincidiam. Cony sentou-se na mesa em frente a mim.

— Em sua vida, qual é o seu tijolo de segurança?

— Bom, a minha vida foi marcada por uma profunda busca de segurança, tá entendendo? Logo que nasci eu senti que a vida era uma coisa muito frágil. Eu pensava o seguinte: que as minhas veias eram muito frágeis para conter o meu sangue e que bastava um ferimentozinho que o sangue brotava. Daí a fragilidade do ser humano, depois estendida na fragilidade do aparelho social. Eu achava que a sociedade era muito frágil também para proteger o indivíduo, inclusive naquela célula original que é a família.

Em busca dessa segurança, eu fui pro seminário, onde me pareceu que a religião, Deus e a liturgia católica protegiam muito mais a pessoa. Então, evidentemente, fui assimilado por um aparelho enorme que é a Igreja Católica, vinte séculos de existência, e tudo passado e pesado e julgado. O seminário funcionava maravilhosamente bem. Era o palácio da Bela Encantada. Eu, quando li aquela história da Bela Encantada, que na hora do almoço a mesa tava posta, na hora de dormir a cama tava posta, na hora de passear o passeio tava pronto, muito bem. O seminário era assim. Às sete horas a gente descia ao refeitório onde, durante a mágica noite, apareciam aquelas xicrinhazinhas com o pão em cima; depois ia pra capela, rezava, a missa tava pronta, os altares já tavam iluminados; saía dali e ia pra aula; tudo funcionava com uma absoluta segurança. Acontece que posteriormente eu perdi a fé e aquilo ficou sem sentido pra mim. Essa segurança que o seminário me deu acabou-se quando eu perdi a fé.

"Saí, então, e fiz várias coisas. Casei e descasei, enfim, uma porção de coisas, mas sempre com uma profunda nostalgia da minha segurança, sempre procurando a minha segurança — que nem a religião, nem a filosofia, nem o comprometimento político, nem o comprometimento literário, nem o amor, nada até hoje me substituiu. Então, justamente numa fase das mais agudas — quando eu já tinha escrito dois livros, mas ainda não tinha publicado nenhum, eu ainda era um autor virgem, inédito —, um caso doloroso aconteceu na minha vida — um caso de ordem pessoal — e então eu senti uma profunda necessidade dessa segurança e escrevi *Tijolo de segurança*.

"Basicamente, tijolo de segurança é uma imagem aeronáutica, nada poética: os aviões, para andarem no infinito, têm um quadrado que os protege imaginariamente. Não protege tanto porque volta e meia — haja vista o Castello Branco, que se estourou justamente porque o avião não obedeceu ao seu tijolo de segurança. O avião se locomove nesse quadrado imaginário que o protege. Aplicada essa imagem aeronáutica de péssimo gosto ao indivíduo humano, significa que o homem deve se situar no centro de um quadrilátero, no centro de um tijolo, bastante distante a fim de não se comprometer demasiadamente com as coisas físicas, nem morais, nem religiosas, nem políticas. Esse isolacionismo, esse distanciamento — que não tem nada a ver com o distanciamento de Brecht, mas é um distanciamento físico do homem — pode amortecer alguns choques. Mas evidentemente não evita todos. Volta e meia a gente se encontra completamente furado e a gente sofre, então. Mas enfim, a busca da segurança é uma das minhas constantes. Mas evidentemente só a morte pode trazer a segurança, com o aniquilamento. Aí não existe mais o problema. Fora da morte não vejo nenhum problema para a segurança, nós todos somos frágeis. E eu não me aceito, eu tenho uma — não sei se é algum complexo, alguma tara — mas eu tenho o complexo da fortaleza. Gosto de me sentir forte. Evidentemente, só com uma absoluta segurança eu poderia ser forte. Acho que essa é a explicação."

Cony usa uma blusa de malha listrada em vinho e preto com reflexos meio prateados. No pulso, um relógio de ouro com pulseira também de ouro. Ele se balança na cadeira enquanto fala, os pés fora dos sapatos de lona.

— Já lhe aconteceu de dar pra entender que não entendia nada?

— Exatamente. Tem uma descoberta que eu faço todo dia — não é nem uma descoberta, é uma constatação que eu faço a toda hora: cada vez eu entendo menos as coisas, cada vez eu me entendo menos. Apenas eu já abdiquei da compreensão e procuro a lucidez. A lucidez é exatamente a consciência dessa não-ciência. Eu vivo permanentemente lúcido, por isso é que eu evitei me apaixonar por qualquer coisa, me apaixonar por motivos, me apaixonar por causas, por pessoas, por guerras. Evito paixões de ordem física, enfim, tudo aquilo que possa abalar a minha lucidez. Porque ela me dá uma consciência absoluta da minha ciência, da minha pouca ciência ou da minha inciência.

— "*Andar é bom, ajuda a digestão, fuma o cachimbo em paz."* *(Tijolo de segurança)* O *que é ter paz?*

— O ter paz, no meu caso, significa aí a imagem bastante física do quadrilátero. O sujeito que diz essa frase no *Tijolo de segurança* foge da célula da família, ele tá cheio de problemas, numa problemática enorme, e, pra evitar essa problemática — mulher, filhos, sogro, sogra, parentes, amigos, telefone, os compromissos com a vida lá fora, muito bem —, ele já almoçava sozinho pra não ficar junto dos outros e depois, a pretexto de fumar um cachimbo, ele começa a se distanciar, inclusive fisicamente, de todo esse mundo pra poder encontrar um pouco de paz. A paz nesse livro é justamente aquela busca do centro geofísico de um distanciamento temporal, ou seja, o sujeito fica distante inclusive fisicamente de tudo. Então eu fazia isso no meu tempo: longas caminhadas sozinho pra ficar distante de qualquer choque e poder amortecer todos os baques que porventura viessem a me impressionar. Agora, eu tenho duas definições para a palavra *paz* e não são minhas, são de Cristo: uma é quando ele diz "Eu vos dou a minha paz" e outra quando diz "Eu não vim trazer a paz mas a guerra". A minha paz é isso. Você tira uma média dessas duas pazes e eu fico com essa. Uma que é apelo à luta — a paz não significa uma alienação completa dos problemas —, ou seja, apesar do distanciamento físico, uma vez solicitada a pessoa deve se comprometer numa luta. E Cristo foi claro: "Eu não vim trazer a paz mas a guerra." Finalmente, depois da morte, quando Ele já está na fase de ressurreição, pouco antes de subir ao céu, Ele diz: "Eu vos dou a minha paz." E esta paz aí já é um outro tipo de paz que eu busco, que é justamente essa segurança total. Isso aconteceu com Ele porque já se tratava de um defunto. Não é o meu caso.

Fala olhando para o microfone do gravador, poucas vezes olha para mim. Faz muitos gestos, tentando expressar as palavras com as mãos. Acende o cachimbo e fica brincando com o isqueiro.

— Você já *"teve raiva de si mesmo por futucar em passado tão recente, tão dorido ainda"? (Tijolo de segurança)*

— Sim, não há dúvida de que a gente tem raiva de si mesmo. Hoje eu tenho menos, hoje já esses sentimentos — à medida que a gente envelhece, os sentimentos não são agudos, a gente fica numa mediocridade de sentimentos muito grande. A mediocridade sentimental da velhice é um fato. Bom, eu ainda não posso dizer que esteja na velhice, mas de qualquer maneira estou me aproximando dela. E então nós vivemos numa mediocridade e não dá pra ter raiva. Dá um pouco de desprezo, sim. É mais desprezo do que raiva. Na mocidade realmente era raiva, alternativas com profundo amor a mim mesmo. Muito bem. Hoje não, não há esse amor, também não há um sentimento análogo que o substitua. Há um pouco de respeito, eu me respeito a mim mesmo. Talvez substituindo ao amor a mim mesmo que a gente tem na mocidade, hoje eu me respeito. E a raiva é um certo desprezo. É paradoxal, mas é a realidade que exige isso. Agora, o problema de futucar em passado recente, aí é um vício meu que eu não consigo dominar. E, quando eu falei nesse passado tão recente e tão dorido, eu me expressei mal. A frase pode ter saído bonita, com um som bonito, mas não expressa bem o que eu quis dizer. O passado é uma muralha compacta, e o que aconteceu ontem pra mim está tão distante quanto o que aconteceu há vinte anos. E o passado pra mim é todo dolorido. Não há uma gradação, uma hierarquia de dor no passado. O passado dói, é uma muralha branca que a partir de ontem já está funcionando contra mim. Eu não escalono o passado. Ele é uma coisa compacta, espessa. Porque o problema é o seguinte: é tão difícil voltar ao dia de ontem quanto ao meu primeiro dia de idade. A impossibilidade torna os dois tipos de passado exatamente iguais, pelo menos em relação a mim. Se eu pudesse alterá-lo, seria diferente.

— *"Estragaram tudo! Os nomes, as pessoas, os hábitos! Nada agora presta."* (Tijolo de segurança) É?

— Um pouco saudosista essa frase, né? Mas, de qualquer maneira, eu mantenho a frase, tá entendendo? Eu acho que, tomando-se como base a vida ideal para o ser humano, funciona na descoberta da vida. Quando a gente começa a descobrir a vida, o mundo se apresenta como uma coisa num estágio mais adiantado. Uma vez descoberto o mundo, quando a gente começa a se descobrir no mundo, então a gente sente que esse mundo tá em processo também, que não é uma coisa imutável, não é uma laranja que a gente apresenta — toma aqui essa laranja — e então passa a ser parte da laranja, passa a ter o gosto da laranja, o azedo da laranja e a podridão da laranja, se for o caso. Muito bem. Daí em diante, então, as coisas começam a se deteriorar. A gente sente então a deterioração porque a gente participa dela. Agora, quando a gente vem virgem, vem da infância, da primeira infância, da profundidade da infância e descobre o mundo — não é bem descobrir o mundo, mas descobrir a consciência, que é muito mais importante que descobrir o mundo — e a idade aí é uma coisa que cada pessoa tem a sua. Um personagem do Sartre descobriu o mundo aos 35 anos; para a Igreja Católica, em geral, a idade mínima para a descoberta do mundo é aos oito anos, que é a idade do pecado. Eu acho que a minha idade da consciência foi aos trinta anos. Muito bem. Uma vez tida a consciência, tudo então começa a se deteriorar. E aí então essa frase se justifica perfeitamente. Não é bem um saudosismo, é uma constatação pura e simples. À medida que a gente adquire mais consciência, a gente sente que cada vez mais a realidade está conspurcada. Ou seja, a consciência é o caminho direto e imediato para o fim, para a aniquilação. Donde aquela frase muito boa — "bem-aventurados os pobres de espírito" —, porque aí realmente quem não tem consciência tá descobrindo o mundo, tá sempre no limiar de uma grande descoberta, e então é um homem completamente feliz. Agora, a consciência quanto mais se aguça, mais a certeza do fim, da aniquilação total do homem, tá presente.

Subentenda-se uma média de 70% de "tá entendendo" no final de cada frase. Cony deixa o cachimbo e passa a arranhar o vidro da mesa com a ponta do dedo indicador.

— "No fundo, julga obrigação sua aborrecer-se de vez em quando, para compensar talvez o restante da semana, bem vivido ou bem sofrido não importa." *(Tijolo de segurança)*
— Aí a frase saiu um pouco forçada. Mas, de qualquer maneira, eu acredito no seguinte: que uma das poucas vezes que eu bebi na minha vida — eu quando bebo fico muito inteligente — eu descobri uma verdade e essa verdade apareceu com uma frase que eu até tomei nota, pra não me esquecer, num guardanapo de papel. É uma frase que aliás tive oportunidade de repetir anteontem: "A cada pólo oposto corresponde uma grandeza proporcionada." Essa frase parece até um axioma geométrico. O fato é que a frase veio assim em pleno pifão. Eu guardei essa frase e depois passei pra um caderninho, e talvez tenha sido a única anotação que tomei na minha vida, o único apontamento que eu fiz pra toda a minha obra. Eu repeti essa frase porque domingo eu vinha de Belo Horizonte dirigindo o carro e notei que, em longo trecho da estrada, a cada descida correspondia uma subida proporcional. Porque Minas é um estado montanhoso e a estrada é mais ou menos reta. Então é batata: a gente sobe trezentos metros, depois desce trezentos metros com declive exatamente igual pra manter aquele nivelamento ideal da estrada.

"Muito bem. Na vida interior essa verdade funciona com muita freqüência. Porque eu acredito que quando a gente fecha os olhos e acaba, a chateza da vida, a chatura da vida, ou melhor, a mediocridade da vida fica nivelada. E então os nossos grandes momentos, pra cima ou pra baixo, bons ou maus, guardam uma certa proporção, uma certa simetria. Não interessa a ordem. Muitas vezes a gente tem fases em que só acontecem as coisas pra cima, depois há fases em que acontecem pra baixo. Não é como na estrada, em que é matemático: a cada subida corresponde uma descida. Na vida não é bem isso. Mas na vida cada momento bom tem o seu equivalente do outro lado e vice-versa. No fim, dá uma certa mediocridade. Quando eu era mais moço, eu me entusiasmava muito. Quando eu estava vivendo um momento mau, eu me entusiasmava porque, quanto pior fosse o momento, eu tinha certeza de que haveria uma compensação. Hoje, por um pouco de fadiga, já não me entusiasmo nem por uma coisa nem por outra. Hoje eu aceito ambas as coisas com um certo tédio.

"Agora, eu sei, inevitavelmente, que o dia que — é uma teoria minha muito discutível que pode chocar você e pode chocar todo mundo — o dia que termina o processo humano do homem na Terra, quando ele vai pro chão, fica tudo igual, tá entendendo? Aí eu juntaria a essa frase uma frase que eu gosto muito e que tá no meu primeiro livro — *O ventre* —, que "a vida só pode ser medida quando se tem a horizontalidade do chão". Porque é no chão, é na posição horizontal, que se mede tudo. E, quando a gente vai pra debaixo da terra, a gente cumpriu um destino humano, e este destino humano é todo igual. Não acredito, por exemplo, que eu seja mais feliz que você, que você seja mais feliz que eu ou que nós sejamos mais felizes que fulano ou beltrano. Acredito que todo mundo, dos príncipes aos pobres, dos sábios aos ignorantes, há uma espécie de compensação. Se um sismógrafo fosse registrar os movimentos, daria uma linha média, igual pra todo mundo, em matéria de bom e de mau."

Nas paredes, quadros de Lazzarini. Nas estantes, mais precisamente nas prateleiras de baixo, uma televisão e latas de fumo Half & Half *para cachimbo. Os livros são arrumados de uma maneira estranhíssima: em cada prateleira, todos têm exatamente a mesma altura, sem um milímetro de diferença. Dá uma impressão de extremo cuidado e arrumação. Os seus livros têm uma encadernação especial e genial. Cony sabe o lugar exato de cada livro, pois todas as vezes que precisou consultar algum, foi direto a ele.*

— "A família faz pena. Há sempre um pouco de lama, em certas horas, em determinadas datas, sob determinadas emoções comuns, se esquece a lama. Mas ela paira por cima de tudo: ao menor pretexto rompe os diques e emporcalha tudo. Ódios velados, amores recalcados, palavras amargas, gestos apressados formam um mundo misterioso e amargo que se arrasta com cada um. Sobe-se acima da planície: a família reunida, fotografia antiga onde todos já tenham cumprido sua missão. Não se pode rotular essa gente cotidiana que entra pela nossa vida sem licença imposta." *(Tijolo de segurança)* Qual é a solução para a família?

— Solução? Isso é complicadíssimo. Essa descrição eu gosto dela, há muito tempo que eu não ouvia. Mas é real, ouviu? Sendo que você pode ampliar essa crítica à família, à sociedade em linhas gerais. Você pegou bem, eu até estou estranhando ter feito isso. Mas eu considero a família — eu disse isso no prefácio de um livro meu chamado *O ato e o fato* — um instituto falido, ou seja, a família não dá condições de sustentar o indivíduo, não apóia o indivíduo, apóia numa escala muito pequena, muito menor e muito conflituosa. O preço que paga pelo pouco apoio que dá é enorme.

Eu acredito que todos nós, na nossa vida adulta — há uma frase, que não é minha, bastante conhecida que "o adulto procura vingar a criança". Não é bem isso. O adulto procura vingar a família. Se você for tirar a família do nosso processo, do processo de todo mundo, você vê que ninguém tem problema. Eu posso dizer que a família, ao mesmo tempo que injeta o sangue nas veias da pessoa e dá o ser, a família também dá toda a problemática humana. De maneira que eu não vejo nenhuma solução, faz parte do absurdo humano isso, ele ser protegido exatamente pela fera que o devora. Faz parte do absurdo humano.

"Eu considero a vida um absurdo. Não sou marxista — estou dizendo a você honestamente porque isso choca o pensamento da esquerda — porque a esquerda acha que, uma vez estabelecido um regime socialista no mundo, acabam-se os problemas. Eu não creio nisso. Sou marxista até um certo ponto, mas não a esse ponto. Eu continuo achando que a vida toda se prende ao absurdo e esse absurdo é um absurdo congênito, nasce com o próprio homem. Quanto à solução para a família, eu poderia imaginar uma, mas evidentemente uma solução absurda, que pertenceria mais à ficção científica. Mas de qualquer maneira eu acredito que um dia a humanidade pensará detidamente nisso e espantará um pouco desse fantasma. Pra você ter uma idéia, nesses oito mil anos de vida humana sobre a face da Terra, tudo mudou: mudaram-se os regimes, mudou-se o regime de troca de bens, entrou o dinheiro, entrou a roda, entrou a Revolução Industrial, veio a Revolução Francesa, veio a Revolução Soviética, vieram as navegações, veio o século XV, veio tudo. Quer dizer, o homem passou por várias etapas de profundo desenvolvimento material e espiritual. Agora, a família ficou igualzinha à Antigüidade: a família hoje é basicamente organizada como no tempo de Abrahão — que saiu de Ur, na Caldéia, e foi pro Egito. A família é mais ou menos a mesma coisa, tá entendendo? Quer dizer que não foi reformulada. O homem até hoje ainda não encontrou uma outra forma pra se defender a não ser através da família. Por aí você vê a antigüidade desse problema e o seu malefício. Qual seria a solução? Abolir a família. Então pergunta-se: como é que nasceriam as crianças? As crianças nasceriam. Não me interessam as soluções. Eu, como artista, não me considero obrigado a apontar nenhuma solução. Basta, pra mim, levantar conflitos. Os ensaístas, os filósofos, os geômetras, os químicos, os técnicos o façam. Eu, como artista, levanto conflitos. E levanto esse: a família é um instituto falido. Ponto."

— *E a sua família?*

— Evidentemente eu falo da minha família, mas o problema não é pessoal. Eu amplio o problema porque é uma averiguação que eu fiz ao longo da minha vida, não só no que diz respeito ao meu caso, mas no caso de todos. Eu digo, por exemplo, eu tenho duas filhas. Procuro ser um pai 100%, o pai de revista *Jóia*, o pai que é o grande amigo, o pai que, quando a publicidade pensa no pai pra fazer Dia dos Pais, imagina o bom rapaz, então imagina a cadeira e tal e as filhas então dão presente. Muito bem. Eu procuro ser esse pai. Mas não resolve os problemas. Não resolve porque os conflitos — os conflitos, não, os vazios — permanecem e, à medida que a problemática das minhas filhas aumenta, aumenta a minha impossibilidade em ajudá-las. Minha filha, por exemplo, menor, o sonho dela é ser monitora no colégio. Eu não posso fazer nada pra ela ser monitora, tá entendendo? Nada. Antigamente eu fazia tudo por ela, eu era o super-homem. Eu dizia *Shazam* e resolvia o *poblema*. O *Shazam* dela era dizer "papai" e eu quebrava todos os galhos dela. Porque os galhos dela, ela gravitava em torno de um universo muito fechado e muito pequeno e eu então resolvia. Agora, à medida que o universo dela vai se ampliando, vai se avolumando, ela vai notando a minha fragilidade em ser alguma coisa pra ela. A mais velha já tem problema de namoro, tem problema disso, tem problema daquilo, e a minha impossibilidade é total. E elas percebem isso. Não sei até que ponto elas calarão ou não mágoas que deviam ter de mim, como eu tive de meus pais, como todo mundo tem. Porque a gente exige dos pais uma servidão total, absoluta, que não pode ter.

"Quanto a detalhes pessoais da minha vida, eu não tenho realmente queixa nenhuma. Nasci num lar comum, lar pequeno-burguês. Meu pai educou os três filhos, formou os três filhos, fomos sustentados por ele até a época de ganhar dinheiro, nunca passamos fome. Minha mãe é uma santa senhora, é uma cristã, não trabalhou fora, vivia dentro de casa remendando coisas, fazendo a sopa, se preocupando. É isso. Um lar tipicamente pequeno-burguês, carioca, meados do século XX. Exatamente isso, igual a milhares e milhares de outras coisas, vivendo momentos de atrito e momentos de grande compreensão, de muito amor. Tenho pai e mãe vivos e se os perdesse sei que vou sentir muito, tá entendendo? Enfim, não tenho nenhuma queixa específica. Não vou dizer, por exemplo, que seja filho de pais desquitados, como minhas filhas o são — o que já é um conflito bem maior. Você aí já vê que a gama dos problemas delas é bem maior que a minha, mas isso não quer dizer que eu não tenha tido os meus problemas. Daí o Machado de Assis ter dito que não legava a ninguém a miséria da condição humana. E a melhor forma de resolver o problema é esta: não ter filhos, não legar a ninguém a miséria."

As sobrancelhas de Cony se arqueiam, e ele franze a testa quando se concentra.

— O inferno são os outros?

— Quando você vai num ônibus muito cheio — eu não ando de ônibus há muito tempo —, evidentemente que o inferno são os outros. Quando você vai matricular o filho na escola e tem fila, o inferno são os outros. Quando você vai reconhecer firma — como eu fiz outro dia porque apreenderam minha carteira de motorista, peguei uma fila enorme, exame de vista, o diabo a quatro —, o inferno são os outros. Tá certo, mas na realidade o inferno *c'est moi*. Eu prefiro aquela frase do Flaubert: "*Madame Bovary c'est moi, l'enfer c'est moi.*" O inferno sou eu mesmo. Eu sou o próprio demônio de mim mesmo. E absolvo os outros completamente disso, honestamente, de todo o coração.

— A solução é a solidão?

— Depende do que você chamaria de solidão, tá entendendo? A solidão absoluta, total, integral, eu acho que — esse é um problema pessoal, subjetivo, e cada um terá a sua solução. No meu caso, por exemplo, essa solidão total e absoluta me faria mal. Agora, a solidão no meio dos outros é uma grande solução, é uma forma de me manter no meu tijolo de segurança, tá entendendo?, me manter em um certo distanciamento. Mas tenho, por exemplo, ao meu lado duas empregadas, filhas, telefone, alguns amigos, um universo inteiro à minha disposição, e eu estendo a mão e apanho o que quero e despeço o que não quero. Essa é uma forma muito cretina e muito única de ser só, mas é a melhor forma. Agora, em momentos de crise, eu tenho apelos para a solidão absoluta. Mas aí eu não sei, ouviu, não sei se agüentaria essa solidão — porque, paradoxalmente, eu gosto de conforto, tá entendendo? Gosto de carro, gosto de boa comida, enfim, sinto falta dessas coisas. Mas tenho apelos assim. Eu vi uma vez num filme um convento em que o sujeito é puxado por um cesto e fica lá sem ninguém, sem comer, sem nada. Evidente que é um convento religioso oriental, mas isso já complica as coisas porque tem um sentido místico. Eu gostaria da solidão total e integral sem nenhum sentido místico. O misticismo é uma forma de tapear a solidão — porque o místico vive em comunhão com Deus, e Deus é um universo, Deus é enorme, Deus é um oceano que dessedenta todas as sedes. Agora, é preciso crer em Deus. Eu não creio em Deus, e seria falso se eu fosse buscá-lo.

Pergunto a Cony se ele tem necessidade de ajustar contas com as mistificações do passado.

— Não, aí ajustar contas não é bem, tá entendendo? Quando eu chego num ponto da trajetória, procuro ajustar as contas. Mas não tenho essa preocupação obsessiva pelo ajuste de contas. Evidentemente que o passado é uma mistificação minha, quer dizer, eu apelo muito pro passado porque o passado é uma história que eu não escrevi, mas que penso que escrevi. Um livro é difícil eu escamotear, eu não posso negar um livro. Se você vem com uma frase estúpida que está em tal livro e me prova, eu não posso negar. Agora, o meu passado, não. O meu passado é um território que é muito meu, que é muito nosso — isso eu posso falar até no plural —, que eu escrevo e reescrevo à vontade. No fundo, eu não sou honesto.

Cony faz uma pausa grande, como que refletindo sobre a última frase. Continua.

— Essa frase é perigosa, mas é verdade: no fundo, eu não sou honesto.

— Você se acha um sozinho com sua liberdade, seu destino e sua morte?

— Não é bem sozinho, só. Eu me sinto lúcido e me sinto perfeitamente integrado nessas coisas, tá entendendo? Se é uma verificação que eu faço todos os dias em face do meu trabalho, é isso. Eu herdei um pouco isso do seminário — o destino, a morte. Eu disse ainda há pouco que não sou muito honesto, mas há uma coisa que eu sou: lúcido.

Quando pergunto a Cony por que usa tanto sexo em seus romances, ele me pareceu ficar um pouco embaraçado. Mas explicou:

— Por vários motivos. Primeiro de tudo porque eu gosto do sexo — confesso isso com honestidade. Até hoje não vejo nenhuma malquerença por isso. Segundo: eu fui pro seminário muito cedo — com dez anos — e saí de lá há quase vinte anos. Fui virgem até os vinte anos. Evidentemente que o sexo adquiriu pra mim uma imposição total. O sexo pra mim é a libertação e não só isso. Você leu o livro do Callado, o *Quarup*? É um padre cheio de problemas e que começa a se libertar pelo sexo antes de se libertar pelo processo político. No seminário, o sexo é o grande muro que nos fecha. À medida que a gente procura fugir daquele universo sombrio que nos abafa, o primeiro obstáculo que se tem a romper é o sexo. Quem teve, como eu, uma infância monástica, o primeiro inimigo que se apresenta não é o mundo, nem a realização profissional, nem o dinheiro, não é nada disso. É o sexo. Agora, essa liberdade, essa luta, esse conflito e posteriormente essa vitória quando se supera o problema, arrasta a gente pra uma total liberdade. Essa total liberdade faz com que eu não aceite nenhuma restrição sexual. Sou a favor do sexo livre no sentido em que tudo que é instinto é livre e não pode ser subjugado pela sociedade. E evidentemente, quando comecei a escrever, eu parti propositadamente pra essa concepção.

— *"Um segundo dá para se marcar um encontro, metade de um segundo dá de sobra para se deixar de ser fiel a alguém. Judas levou menos tempo que isso para o beijo. A verdadeira traição é essa, a que dura o primeiro segundo. Depois já não é mais traição." (Tijolo de segurança)* Você é fiel a alguma coisa?

— Essa frase eu gostei. Não lembro bem dela, mas essa daí pessoalmente eu gostei. Realmente é isso, ouviu? A traição que eu conto é aquele estreito espaço de traição, tá entendendo? O próprio Cristo deve ter sentido isso. Quando ele disse a Judas "vá e faça o que tem que fazer", você vê que ele já tava até resignado com a traição. A traição não se recupera. Tudo a gente pode recuperar, menos a traição. Não gosto de trair porque é um complexo de quem nasceu traído. Eu procuro, honestamente — e uma das minhas poucas obsessões é essa —, não trair. Isso tem me levado a entrar em fossas tremendas. Mas em geral não me considero traidor, nem mesmo de mim mesmo. Desde o momento em que adquiro a consciência de determinado estado, eu ajo de acordo. Isso daí me levou a problemas muito sérios. Por exemplo, a saída do seminário foi uma coisa dolorosa. Passei dez anos no seminário e dez anos casado. Tem uma certa similitude, mas a saída do seminário foi muito mais cruel que a saída do matrimônio. Se eu tivesse vacilado um instante na minha saída do seminário, eu não teria saído. Hoje eu seria padre e teria a metade dos meus problemas atuais. Mas seria um homem insatisfeito comigo mesmo porque seria um padre sem fé. Seria impossível voltar a crer.

— *Um fim de semana pequeno-burguês:*

— O fim de semana pequeno-burguês é sobretudo uma pausa em busca da chatura. O pequeno-burguês se convence de que a faina diária dele é melhor do que a não-faina. Se não houvesse esses fins de semana, a pequena burguesia ou a burguesia em si estouraria os miolos, não agüentaria trabalhar. Porque o trabalho é absurdo: o sujeito vai pro escritório às sete horas da manhã e volta às seis da tarde. Então esse absurdo ficaria muito aguçado se não houvesse os fins de semana, onde o homem, ao entardecer do domingo, percebe que a não-faina é mais chata do que o trabalho. O pequeno-burguês precisa do fim de semana pra essa constatação. Então ele volta na segunda-feira com uma avidez tremenda, sem agüentar mais um minuto a domesticidade. É uma loucura. O pessoal vai pro trabalho quase que numa ânsia, numa dor. Mas é isso. Essa rotina que faz parte do absurdo acentua o absurdo. Eu faço o seguinte: na sexta-feira à meia-noite eu entro na segunda-feira, não tenho sábado nem domingo. Mas isso porque eu trabalho em casa e posso ter um ritmo de trabalho de modo a que o sábado e o domingo fiquem amortecidos.

Pergunto a Cony se ele se considera uma glória nacional. Ele nega. Neste mesmo instante toca o telefone e uma moça o convida pra ir em sua casa encontrar alguns gaúchos interessados em conhecê-lo. No Rio Grande do Sul, Cony é uma glória nacional.

CHICO CANTA O SEU REFRÃO
Revista Manchete, 14/10/1967

PROCUREI CHICO BUARQUE MUITO TEMPO ANTES DE CONSEGUIR MARCAR A *entrevista. Nunca estava, vinha sempre "daqui a pouco", acabou viajando. Uma semana depois consegui encontrá-lo em seu apartamento do Leblon, um lugar cheio de bossas e coloridos. Ele me esperava já tomando sua cervejinha, a vitrola tocando uma música de Vivaldi. Chico não se importa com o barulho da garotada jogando uma pelada embaixo: desde moleque joga futebol na rua. Procura aparentar calma, mas não parece estar muito à vontade e descontraído. Nega:*

— Estou sossegado, estou vendo aquela nuvem lá em cima, vendo que vai chover, tomando cervejinha.

Quando fala, Chico dá a impressão de ser gago. Faz pausas constantes para formular exatamente o que vai dizer, às vezes começa uma frase, interrompe, recomeça tudo de outra maneira. Não se considera um vago, alguém que não toma conhecimento de nada:

— Sou meio distraído, mas se eu não tomasse conhecimento do mundo, não poderia fazer música. Porque as minhas músicas são uma tomada de posição diante das coisas. Estou vendo e observando o que acontece.

E ele vê e observa com imensos olhos verdes, agora meio assustados. Seu pai, Sérgio Buarque de Holanda, disse certa vez: "Não acho criança pequena bonita, e o Chico era queixudo. Mas tinha uns olhos verdes muito claros."

O menino queixudo foi pequeno para Roma. Nessa época, Vinicius de Moraes passava quase todas as tardes por sua casa, Chico fazendo perguntas o tempo todo. Durante esses dois anos que morou em Roma, gostava de fazer plantas de cidades fantásticas. O detalhe é que todas elas tinham uma fonte exatamente no centro. Ele explica:

— Eu sempre gostei muito de cidades e desenhava em papel de embrulho. Por isso é que resolveram que eu devia fazer arquitetura e urbanismo, mas aí não tinha mais graça: era tudo muito estudado, não me interessava. Eu queria era fazer coisas de minha cabeça, bem complicadas.

Gostar de complicação é indício de neurose, mas o adulto Chico Buarque diz que não tem esse problema e não faz análise. E o que ele faz, desde criança?

— Tudo o que qualquer brasileiro faz — *diz Chico* —, desde o presidente da República até o operário: jogar futebol, bater caixa de fósforo, encontrar amigos, tomar chope. Desde pequeno isso faz parte de minha vida, como da vida de todo mundo. O que eu sei é que tenho muito em comum com o brasileiro médio. O que eu faço é pelo menos isso: brasileiro. Mas nem todos gostam de todas as minhas músicas. Há algumas que não são cantadas e nem apreciadas.

Uma vez Nelson Rodrigues disse que "Chico é um parente distante que chega de repente e penetra na intimidade de nosso lar". Pausa.

— Eu não sei o que sou — *diz ele* —, mas fico contente com a frase do Nelson.

Parece que ficou mesmo. Riu e encabulou. Não sabe se é importante:

— Esses valores andam muito torcidos, sabe? Acho que dão importância demais para coisas sem importância. Agora, não sou eu que faço isso e acho que, nesse caso, a apatia não é minha. A apatia é geral, de uns tempos para cá, em relação a certos problemas importantes. O remédio é ficar cantando. Meu canto não importa, mas canto porque gosto e, para mim, ele é importante. Para os outros, não sei. Além disso, não sei ainda o que é realmente importante.

Quando pergunto se sua simpatia é natural ou profissional, Chico sorri:

— Obrigado pelo elogio. Não tenho muita paciência de me fazer simpático, mas também acho que não sou antipático. Quando não estou de bom humor, aí eu me fecho, pego meu violão e fico sozinho num canto. Não gosto que ninguém me chateie e não vou chatear os outros.

E como ele se vê dentro do mundo?

— Não tenho uma visão tão grande — *responde, e continua:* — Dentro do mundo eu sou muito pequeno. Eu me vejo dentro de casa, só.

Há algum tempo, seu pai disse: "Chico só fica em casa quando está fazendo música. Não gosta de tocar para a família e só ouvimos suas músicas quando estão prontas e são apresentadas no rádio." Chico explica sua música:

— Ela fala do dia-a-dia, mas não se dirige a nenhum público em especial. Cantou, cantou; não cantou, pior para mim.

Muitas vezes tive que repetir as perguntas, talvez porque ele quisesse ganhar tempo para pensar nas respostas. Citei uma frase atribuída a ele numa entrevista: "Para nós, o que existe mesmo é a terra, a fome, o samba e o povo a crescer e a se formar."
Chico não confirma:

— Eu não disse isso, porque não usaria esses termos. E se disse, esqueci as mulheres: sem elas, o povo não cresce e nem se forma.

— *O que o seu empresário fez para você ter tantos amigos e todo mundo gostar de você?*

Chico se espanta com a pergunta:

— Meu empresário só controla a minha vida profissional, que é, sobretudo, um deixar correr. Nunca tive pretensões artísticas e as coisas aconteceram sem eu saber como. Mas aí também não vejo por que não gostar, bolas. Não estou atrapalhando a vida de ninguém.

— *Você tem preconceitos?*

Outro espanto:

— Não, não tenho nenhum. Pelo menos não me ocorre agora.

Outra resposta:

— Ser Chico Buarque não dá trabalho. O que dá trabalho é não ser. Porque ser eu mesmo é ser dentro de casa, ser andando na rua, indo à praia, tocando meu violão para mim mesmo, e assim por diante. Dou mais importância ao meu trabalho de criação que ao resto.

A teoria de música ainda tem mistérios. Chico está estudando e tomando aulas:

— O fato de conhecer música não quer dizer que se possa fazer boa música. Estou estudando a fim de poder escrever e talvez arranjar minhas próprias composições e cuidar mais delas, depois de prontas. Para mim, basta o violão. Conheço o instrumento e faço harmonia; posso não saber direito o que estou fazendo, mas estou fazendo. Agora eu quero saber tudo direitinho, quero conhecer a explicação para isso e aquilo, poder escrever e arranjar as canções que fiz, entende? Para que elas sejam mais definidas e respeitadas. Tem muita gente que diz que a pesquisa de folclore, de raízes é essencial, imprescindível para a composição. Eu não acho. Dou todo o valor a esse pessoal que pesquisa, tem gente muito boa fazendo isso. Agora, eu também dou valor ao compositor de morro, que não faz pesquisa consciente mas fala a língua do povo. E eu estou mais perto do compositor do morro do que do pesquisador. A minha pesquisa — se é que ela existe — é uma coisa inconsciente.

De repente, Chico se descontrai:

— Ih, rapaz, eu não sei explicar esse negócio. Falar do trabalho da gente é muito difícil.

Mas logo volta a falar de música:

— Olha, dependendo da honestidade e da sinceridade, vale a pena protestar. Tenho a impressão de que existe às vezes uma pretensão muito grande, pensar que se vai conseguir mudar tudo com uma música, entende? Acho isso um pouco pretensioso. Não estou pretendendo salvar o mundo, nem acho que a música vai salvá-lo de coisa alguma. A solução? Ah, isso já é outro assunto, e muito comprido. Mas a solução não é a música, não é cantar. Em todo caso, a música é sempre uma aspirina. E é melhor cantar do que não cantar.

Chico acha que o compositor tem a liberdade de dar o conteúdo que quiser à sua música:

— Pode falar só de amor, só de política, pode falar de tudo. Acho apenas que, quanto mais o negócio for ligado aos nossos problemas, melhor.

Em política, Chico Buarque tem pensamentos definidos, mas acha melhor não falar — "porque senão a entrevista não sai".

EDU LOBO: UM MOÇO E SEU VIOLÃO
Revista Manchete, novembro de 1967

EDU LOBO TEM CARA DE GAROTO, IDADE DE GAROTO — 24 ANOS —, MAS *pensa como gente grande. É extremamente simpático e muito distraído. Vai para a cama de manhã, dorme durante quase todo o dia e não pode ser acordado por nada deste mundo. Vibra quando pode descansar em Cabo Frio. Fuma Hollywood sem filtro. Dizem — confundindo-o com Fernando, seu pai — que é de Recife, mas nasceu mesmo no Rio, na rua Pompeu Loureiro. Depois de ganhar duas vezes a Viola de Ouro, do festival de São Paulo, com "Arrastão" e "Ponteio", solidificou ainda mais a sua posição como um dos maiores compositores de música popular brasileira de todos os tempos. Seu primeiro contato com a música, no entanto, foi o pior possível.*

— Eu estudava acordeom. Era o instrumento da moda na época, e tive que estudar porque era bacana. Eu até que gostava, mas tinha aqueles exercícios de teoria que me davam pavor. E aí aconteceu um negócio engraçado: o Teo, que fez "Disparada" com o Vandré e que é meu amigo de infância, começou a aprender violão e ia muito tocar lá em casa. Nasceu em mim uma paixão pelo violão, que era então considerado um instrumento de malandro. Por isso eu estudava meio escondido. Aprendi a tocar uns acordes e acabei largando definitivamente o acordeom. Mas até aí eu nunca tinha pensado em compor nada. Foi só a partir dos 16 anos que comecei a arriscar alguma coisa. Era exatamente a época da bossa nova, eu ia a todos aqueles *shows*, acompanhava tudo pelo rádio, sabia o que todo mundo fazia, comprava discos. Depois me arrisquei em sambinhas, fiz uns quatro ou cinco sozinho, mas sem a menor pretensão. Um dia eu estava na casa de uns amigos e conheci o Vinicius, fizemos um samba juntos. E a partir daí vim a conhecer os outros — o Tom, o Baden, o Carlinhos Lyra. Eu ia muito à casa do Carlinhos, um cara que foi fundamental para a minha música e em relação às coisas que penso hoje em dia. Outro cara muito importante para mim foi o Luisinho Eça, meu conselheiro musical.

Edu acha que influência é o melhor negócio do mundo:

— É bom que se tenha todas elas ao mesmo tempo, mas sem copiar, evidentemente. Ser influenciado é usar todas as coisas que um cara faz, é se basear no trabalho dele e fazer uma coisa diferente, entende? Nunca imitando.

Depois do impulso de Carlinhos, vieram as músicas com Ruy Guerra, no estilo afro. Depois, as músicas folclóricas e nordestinas, o que deu muita confusão na época:

— Muita gente disse besteira a respeito. Houve até quem dissesse que garoto de Copacabana não pode falar em Nordeste porque a realidade dele é o Castelinho. Bom, você já viu, não é? Sem comentários. Mas depois de muita confusão, a música nordestina acabou virando moda e as pessoas pegaram pelo lado errado. Aconteceu um negócio que existe até hoje: quando se faz música baseada em tema folclórico, as pessoas acham que é regressão, que todo mundo está voltando ao baião, quando não se trata disso. Quando a harmonia evolui, a música pode falar em qualquer coisa, do Nordeste à Espanha. Aí é que está.

Depois do trabalho com o Ruy Guerra e de algumas canções com o Vinicius, foi convidado a musicar uma peça com o Gianfrancesco Guarnieri:

— Foi até engraçado o nosso primeiro encontro, porque o Guarnieri é inibido e eu também não sou de falar muito. Lembro que todo mundo saiu e eu fiquei lá sentado com ele, na maior falta de assunto do mundo, um negócio terrível. Toquei as minhas músicas, já não agüentava mais, e ele não dizia nada. Eu pensei: "Vai ver o cara mudou de idéia, não gostou de nada e está numa fossa sem saber como me dizer." Mas ele queria apenas almoçar e estava com vergonha de falar. Genial essa história. Ele queria fazer uma peça sobre os *vikings*, e um pouquinho antes eu tinha feito uma música sobre Zumbi dos Palmares, com o Vinicius — o que, aliás, foi uma história que me chateio de contar, de tão inacreditável. Eu tinha feito a música e comecei a fazer uma letra sobre o Zumbi, mas ficou muito ruim. Joguei a letra fora e, mais tarde, mostrei a música para o Vinicius, sem falar em Zumbi. O Vinicius ouviu e fez a letra com a mesma história. Minha barba cresceu e eu acho que nem ele acredita até hoje nessa coincidência. Mas, como eu dizia, cantei esse samba para o Guarnieri e sugeri que a peça fosse sobre o Zumbi, um negócio brasileiro. Ficamos uma noite discutindo até as sete da manhã, fomos comprar livros e começamos a trabalhar. Foi uma loucura, a melhor coisa da minha vida. Como não havia nada escrito, tudo era livre, e isso foi formidável para mim. Fiz uma música por dia, com tempo marcado para entregar o trabalho. Passei a confiar em mim. Todo mundo é capaz de fazer uma música por dia, a gente não faz porque não quer.

Edu acha que inspiração "é conversa de botequim":

— Música depende é de trabalho. É uma alienação — para usar a palavra da moda — o cara dizer: "Não, hoje não estou inspirado, então não vou compor." Assim, acaba compondo três músicas por ano. Quanto mais a gente trabalha, mais armazena. Tem uma frase bacana, não sei de quem, que diz que "música é 1% de inspiração e 99% de transpiração". E é certo, não tem dúvida nenhuma.

O primeiro prêmio, com "Arrastão", não foi bom porque veio muito cedo:

— Eu não tinha ainda uma visão profissional das coisas. Achava que eu não era um *profissional*, mas somente um músico, sem nenhum compromisso com a *máquina* e a *engrenagem*. Hoje acho que a gente tem.

"Antes, eu pensava que não tinha importância não ir a um programa de televisão, que ninguém ia se incomodar. Depois desse prêmio, decidi que não precisava mesmo e que todo mundo ia entender. Joguei fora muita coisa boa que tive na mão. Não é que o prêmio tenha virado minha cabeça, mas fiquei na tranqüilidade, pensando que poderia parar um pouco. Mas o que aconteceu foi que não compus nada."

Depois de quase oito meses sem uma música nova, Edu foi para a Europa, onde ficou quatro meses também sem compor:

— Paris é muito bacana, mesmo, é em cartão-postal. Porque ficar lá sozinho é duro; é muito chato, terrível, sabe? Mas, ao mesmo tempo, ficar sozinho faz muito bem. Esse excesso de afetividade que existe por aqui, as pessoas se perdoando umas às outras e na realidade ninguém fazendo nada, já estava me cansando. E como eu queria ficar longe daqui muito tempo, forcei a barra e jurei que ia ficar lá dois meses, pelo menos. No começo achei que não ia agüentar, mas acabei ficando quatro. Aprendi a ter uma visão profissional. Antes, eu achava uma forma de prostituição aparecer num programa que não tinha nada a ver comigo, achava que era uma concessão, uma apelação minha. Agora, não. Agora, penso que é importante aparecer em todos os programas.

Ele não acredita "nessa história de dizer que a música que a gente faz é para o povo":

— Isso é besteira. Pois é, o povo é bacana, é musical, tudo isso, mas é ele que aplaude a gente. E se a gente é músico, tem a obrigação de ensinar alguma coisa. Penso que a função de qualquer tipo de arte é didática, sempre. O que acontece é que a gente não pode chegar jamais a um raciocínio assim: "Não, essa música é complicada demais para o povo, vou simplificá-la." Se faço isso, estou me anulando. Você pode e deve combinar as duas coisas: que a música seja harmônica e que possa pegar o pessoal mais facilmente e, ao mesmo tempo, seja simples. Uma coisa é a música ser simples e pobre; outra é ser simples e boa. O caminho tem que ser o da simplicidade. A música tem que ficar no assovio do povo, mas com muita coisa e muito estudo por trás. O povo é musical, mas você não pode mandar de cima logo, tem que haver todo um trabalho, sem empobrecer a sua música. Isso é que é fundamental, e por isso é que é difícil.

Segundo o autor de "Ponteio", é nesse ponto que entra o problema de vestir a música, a forma de arranjá-la e apresentá-la:

— Isso é um tipo de emoção e de magia que você cria fora da estrutura da música. É preciso que a gente apresente ao povo uma forma que chame sua atenção e o faça ouvir. Isso eu achava concessão, antigamente. No caso de "Ponteio", fiz a música como quis, sem pensar em festival. Mas a preparei todinha para um festival. Tudo que pude fazer em termos de impacto e do que funcionasse para pegar a platéia em três minutos, eu fiz. Não me arrependo e nem acho que isso seja concessão.

Edu não acha que entrar no esquema seja compactuar com uma estrutura errada, como pretendem alguns:

— Pelo contrário, acho que a gente deve entrar nisso tudo, talvez até como uma obrigação. Para mim, compactuar seria mudar a minha música em função de uma estrutura ou para correr atrás de uma moda. Se mantenho minhas composições no estilo e no jeito que escolhi, posso muito bem entrar na roda e fazer o que quero.

Edu trabalha sempre durante a noite, "quando não tem televisão e nem telefone". De vez em quando faz umas investidas de arranjo, mas acha que não estudou como gostaria. Não se sente realizado porque "do momento que você acha que já fez, então você não vai fazer mais nada: tem que haver sempre essa angústia de criação, de achar que foi pouco".

— Em relação à minha carreira, nunca me senti tão bem quanto agora. O problema é a falta de tempo para estudar. Porque no Brasil não existe a profissão de compositor. Para você impor suas coisas, é preciso que você apareça — e para aparecer, é preciso cantar. A gente é forçado a assumir uma profissão que não é a nossa, e acaba perdendo tempo. Eu não sou cantor, mas se ficar trancado em casa, só compondo, vou desaparecer do mapa. É por isso que fiz questão de cantar no festival, mas me cerquei de gente para dividir a responsabilidade, porque esse negócio de cantar é muito sério. Aí, botei o Momentoquatro e a Marília Medalha, que é cantora mesmo. Mas o que eu gostaria de fazer, realmente, era ficar em casa, no piano, descobrindo coisas, sem ponte aérea Rio-São Paulo, entende?

PLÍNIO MARCOS: "OS RICOS SÃO GENTE DE CARNE E OSSO, MAS COM UM TÉDIO!"

Livro de cabeceira da mulher, volume 7, 1968

PLÍNIO MARCOS, O AUTOR MAIS DISCUTIDO E COMENTADO POR TODOS, O *nome mais badalado em todas as rodas, a figura de 1967 no panorama do teatro. Plínio é um homem simples, de pouca cultura, mas com uma grande experiência da vida. Sempre foi pobre e, se chegou hoje à posição que ocupa, foi a custo de muito esforço. Da vida de palhaço de circo à de autor teatral, ele tem muito a contar.*

— Comecei minha carreira artística como palhaço de circo. Depois abandonei e fui jogar futebol na Portuguesa Santista e no Jabaquara. Depois fui ser soldado — entrei pra Aeronáutica como voluntário e saí involuntariamente, a toque de caixa. Depois fiquei trabalhando no cais do porto de Santos por uns dois anos. Depois voltei para o circo, viajei mais uns tempos no interior do estado de São Paulo. Quando regressei a Santos, a Patrícia Galvão — a famosa Pagu — me convidou para fazer uma peça no grupo amador dela. Eu fui e fiquei muito amigo da Pagu e mostrei pra ela uma peça que ela leu e parece que gostou. Era *Barrela*, uma peça passada num presídio. A Patrícia mostrou a peça ao Pascoal Carlos Magno e ele me deu uma bolsa de estudos. Essa peça já deu um trabalho tremendo com a censura, mas acabou sendo liberada. Daí eu peguei e escrevi outras peças que não tiveram sucesso algum e eu desisti de escrever peças. Fui viajar pelo interior vendendo contrabando — radinho de pilha, cigarro americano. Viajei três anos de cidade em cidade. Em Santos me abastecia e me mandava outra vez para o interior. Daí voltei para São Paulo e me liguei ao CPC (Centro Popular de Cultura). Foi onde eu conheci a Valderez, que é minha mulher agora e que me deu um novo embalo na carreira. E eu comecei a escrever e a censura a proibir. Escrevi a *Jornada de um imbecil* e a *Reportagem de um tempo mau* — que foram proibidas. Mas eu não desisti, não. Escrevi os *Dois perdidos numa noite suja* e mandei pra censura nas vésperas de Natal. Eles atacaram de Papai Noel e liberaram a peça. Aí quando quiseram proibir a *Navalha* não deu mais. Aí veio a *Reportagem de um tempo mau* e *Quando as máquinas param*. Essa, assim, em linhas gerais, é a minha carreira.

Plínio fala muito compenetrado, a voz arrastada e mole. Acende um cigarro, que segura entre os dedos finos. Parece um menino, os cabelos negros grandes e escorridos. Usa sandálias e está descascando da praia. É meio gordinho, puxando pro baixo. Anda como fala — arrastado. Está no Rio acompanhando a temporada da peça Homens de papel, *numa roda-viva de entrevistas e almoços, praia e teatro. Está sentado exatamente na minha frente e fala de sua carreira como ator.*

— Estreei profissionalmente na Companhia de Cacilda Becker. Fiquei um ano, fiz duas peças e não fui muito bem-sucedido, não. Depois me bandeei pro Arena, fiz O *noviço* — também não tive muito sucesso. Aí só voltei a trabalhar como ator em *Dois perdidos,* onde eu fazia o Paco. E agradei à crítica e ao público. Mas eu acho que o espetáculo feito no Rio era bem melhor — aliás, eu dou muita sorte no Rio. Tanto a *Navalha na carne* quanto os *Dois perdidos* foram muito melhor encenados aqui no Rio. Em São Paulo eu acertei só com *Quando as máquinas param* e os *Homens de papel*, que foi realmente um grande espetáculo, mas é uma peça que causa um grande impacto e é muito bem defendida por Luís Gustavo — que é, em São Paulo, apontado como o ator-revelação do ano — e por Míriam Mehler — que todo mundo conhece, que fez *Andorra* e uma série de peças.

O lançamento no Rio de Dois perdidos numa noite suja *consagrou Plínio Marcos como o autor-revelação do ano, posição esta solidificada com a encenação de* Navalha na carne. *No entanto,* Homens de papel *dividiu a opinião da crítica — uns acham a obra genial, outros, comprometedora. Mas Plínio não parece estar muito preocupado com isto. Está calmo, acompanhando seu sucesso. Quando pergunto como se sente sendo o autor mais comentado, responde:*

— Me sinto sem culpa nenhuma. A culpa toda cabe à censura. Tenho a impressão até que a *Navalha na carne* passaria desapercebida se não fosse a onda que a censura fez em torno. E depois eu fiquei na moda. E, já que estamos na moda, vamos largando bala.

E é isso exatamente o que Plínio está fazendo, cumprindo à risca o seu programa de trabalho, lançando peças umas atrás das outras, numa verdadeira orgia de produção. Talvez por causa de sua origem humilde, Plínio é um homem com raiva — com raiva do esquema social, com raiva do acomodamento, com raiva de quem não luta por uma mudança.

— Eu tenho muita pena dos pobres, que é uma gente muito bacana e que não tem possibilidades de aplicar o grande potencial humano que traz consigo. Os ricos são gente de carne e osso, como todo mundo — talvez com um pouquinho mais de tédio que os outros. O ócio dá um tédio! Mas infelizmente eles não querem abandonar essa posição cômoda do conforto material. E, por causa do tédio, vai-se apertando cada vez mais o cerco para dividir os bens que devem ser divididos. Devem ser dadas oportunidades iguais a ricos e a pobres. Aliás, não deve haver nem ricos nem pobres.

Mas, com o lançamento de tantas peças, é natural pensar que ele enriqueceu.

— Não fiquei rico, não. Mas melhorei bem: já estou pagando meu aluguel em dia. Eu gasto muito, tudo que ganho eu gasto. Não estou muito preocupado em ficar rico, estou somente me dando conforto.

"Não tenho medo de um dia ficar igual aos ricos, não. Tem uma coisa que eu faço uma questão muito grande de ter — um compromisso com a minha gente. Jamais vou encostar o corpo, não vou ter tédio. Posso não ter mais nada que dizer e então pararia de escrever peças. Mas continuaria trabalhando em teatro — ou como ator, ou como diretor, ou simplesmente como empresário. Mas continuaria trabalhando em teatro. Minha profissão é o teatro, sempre foi, e nesse campo já fiz quase tudo. É através dessa minha realidade que eu protesto contra as injustiças e as denuncio. Talvez seja muito pouco, mas assim mesmo eu denuncio e vou continuar denunciando."

E será que o grito de Plínio Marcos vai conseguir tirar do marasmo toda uma massa de pessoas inertes?

— Ah, eu acredito que sim. Enquanto a gente estiver reclamando, é mais difícil de permitir a acomodação total. Enquanto a gente estiver reclamando, há sempre uma esperança.

Por tudo isto, ele sonha com um mundo ideal, e é para chegar a ele que Plínio se esforça.

— O meu mundo ideal seria sem miséria, com oportunidades iguais para todas as pessoas, e onde a gente não precisasse de contar muito com a sorte. Hoje em dia, o indivíduo que acerta — como no meu caso — é um cara que tem sorte. Se eu não tivesse dado sorte, estaria perdido, não escaparia, e ia continuar marginalizado a vida inteira. Por um mero acaso, todo o meu destino mudou. Agora estou muito contente com a situação que ocupo. E é muito importante que tantas atrizes formidáveis como a Míriam Mehler, a Tônia Carrero e a Maria Della Costa — e brevemente a Norma Bengell, num filme — trabalhem em minhas peças. A Valderez, minha mulher, também é atriz e trabalhou em *Homens de papel* — toda a família trabalha, menos os dois bacorinhos, que vão ser jogadores de futebol.

Quem vê a doçura de Plínio Marcos e o encantamento que tem pela família não pode imaginar que seja ele mesmo o autor de peças tão profundamente dramáticas. Ele fala com a maior naturalidade e um pouco de saudosismo da sua infância passada entre ciganos, conta casos de leituras de mão, dos passeios e viagens feitos com eles. Está sentado numa cadeira giratória, nos bastidores do teatro, esperando que acabe a peça. E de tanto se inclinar para trás, acaba caindo no chão. Levanta-se, põe a cadeira em seu lugar e me apresenta à sua mulher, uma moça bonitinha com jeito tímido. Pergunto a ele por que suas peças falam sempre de grupos marginalizados.

— Eu falo de gente que eu conheço bem, gente com quem eu convivi e que acho que precisava de alguém que falasse por ela. Conheci muitas pessoas inteligentes que, por falta de oportunidade, acabaram se perdendo. E isto tudo é que me deixa muito triste. Por isso é que, quando tenho uma oportunidade, falo por eles. Não faço teatro para o povo, porque sei que o povo não pode ir a ele. Mas faço em favor do povo, para desassossegar. Jamais vou fazer teatro para agradar. Meu teatro é de colocação de problema e minha tentativa é realmente de agoniar a platéia.

O impacto que causam suas peças são a prova mais evidente disso.

MANUEL BANDEIRA SEGUNDO VINICIUS
Revista Veja, 1968

VINICIUS DE MORAES E MANUEL BANDEIRA SE CONHECERAM ATRAVÉS DE uma lagartixa na casa de Anna e Carlos Chagas Filho. Era 1936, um ano depois de Vinicius ter ganho o Prêmio Felipe de Oliveira, de poesia. Estava muito emocionado porque sabia que Bandeira estaria lá, mas não resistiu a pegar a lagartixa que passeava na parede. Bandeira viu, gostou e riu. A amizade nasceu daí, nessa noite onde o papo se estendeu, entrecortado pelo "violãozinho maneiro de Manuel".

— Eu o chamava de Manezinho — *conta Vinicius* — e ficamos logo muito amigos. Quando publiquei meu primeiro livro, muito elogiado, foi ele que, com sua crítica severa, pôs o entusiasmo nos seus devidos termos. Nessa ocasião, me disse exatamente o que eu precisava ouvir.

Naquele tempo, o centro de reunião era a casa de Magu e José Claudio Costa Ribeiro, onde Bandeira ia sempre às quartas-feiras. Tinha a vida muito organizada.

— Era um homem que vivia dentro de um grande método — *explica Vinicius*. — Manuel era um tuberculoso crônico e, para estabilizar a moléstia, tinha uma disciplina férrea com relação à sua vida. Bebia pouquíssimo e infalivelmente por volta da meia-noite saía das festas. Tinha aquela tosse seca, e seu grande pavor era ficar resfriado, pois só tinha um pulmão.

Em 1937, Vinicius conheceu o poeta e músico Jayme Ovalle, parceiro de Bandeira. Nessa ocasião, os dois estavam meio brigados e foi Vinicius quem os reaproximou.

— Saímos da casa do Schmidt, onde o conheci, e fomos até a Lapa. Depois levei Ovalle à casa do poeta, perto do beco das Carmelitas. Logo que se viram, caíram nos braços um do outro. Fizeram as pazes, então. Manuel era um homem essencialmente bom, com um enorme senso de justiça, mas de convívio não muito fácil. Para se dar bem com ele, a gente precisava morar nele e conhecê-lo direito. Ao mesmo tempo, era um homem colérico capaz de explodir a qualquer momento. Uma vez partiu para bater em um jornalista impertinente, num jantar numa churrascaria, mas foram afastados. Não admitia que se pusesse a palavra dele em dúvida, e quando rompia com as pessoas, rompia mesmo pra valer. Tenho um poema sobre ele — "Saudade de Manuel Bandeira" — em que o defino como "poeta, pai, áspero irmão".

Por essa época, o apartamento de Bandeira era um ponto de referência constante de Vinicius, que ia lá de três a quatro vezes por semana, no fim da tarde, depois do cinema. E foi assim que, a partir de Estrela da manhã, *Vinicius conheceu todos os seus poemas inéditos.*

— Nossa relação sempre foi muito boa, e nunca tivemos conflitos de idéias. Manuel só me desapoiou uma vez na vida: num debate com o poeta Ribeiro Couto sobre cinema sonoro e silencioso. Do ponto de vista estético, eu era partidário do silencioso, enquanto Manuel era pelo sonoro.

Para Vinicius, a poesia de Bandeira foi importantíssima para sua obra, "pois foi ele que me reconduziu ao cotidiano, tirando-me da poesia de fundo metafísico. Devo certamente a ele a minha recondução à realidade. Ele gostava muito de mim e tinha uma dose de perdão muito grande para tudo que eu fazia. Por isso mesmo, é o amigo com quem mais me correspondi quando estive fora. Tenho cartas muito boas dele".

Foi Ribeiro Couto quem apresentou Bandeira ao jornalista, 54 anos, Francisco de Assis Barbosa. Eles já haviam sido apresentados algumas vezes, "mas certamente ele não se lembrava de mim, pois foram encontros ligeiros, de rua. Eu é que não podia me esquecer dele". A época era pouco antes de 1940, Bandeira ainda morava na Lapa, na rua Morais e Vale, perto do beco das Carmelitas.

— Era um apartamento pequeno, apenas um quarto e uma saletinha. Lá o conheci. Manuel preparava o seu café da manhã — fazia um café excelente, que sempre oferecia aos amigos quando chegavam em sua casa. Sabia fazer doce e era perito num sorvete de café. Tinha ali no seu canto toda a vida dele. Em 1940, mudou-se para um apartamento um pouco maior, na praia do Flamengo, e em 1941 para outro ainda maior na avenida Beira-Mar. Mas sempre os apartamentos pareciam com o da Lapa, tinham sempre a mesma "marca" — conta Francisco de Assis Barbosa. — Um dia eu falei para o Manuel que os apartamentos em que morava tinham sempre a mesma cara. Ele me respondeu: "São *made in* Manuel Bandeira." Dentro desse mundo ele vivia com seus livros e seus discos.

Bandeira costumava escrever deitado, com os travesseiros atrás das costas, sempre de pijamas. Tinha uma espécie de prancha adaptável à cama, onde colocava sua máquina de escrever, uma velha Remington. Trabalhava assim a tarde toda. Era homem de acordar cedo. Descia, pegava o seu leite, fazia as compras. Comia quase que diariamente na casa dos amigos. Na casa de Rodrigo Mello Franco de Andrade, pai do cineasta Joaquim Pedro de Andrade, seu afilhado de crisma, jantava toda semana. Às quintas-feiras, depois da sessão da Academia Brasileira de Letras, ia invariavelmente jantar na casa de Francisco de Assis Barbosa, seu vizinho. Quando se ocupava de trabalhos grandes, como traduções de livros, organização de antologias e de livros didáticos, trabalhava sem cessar. E sempre perto do telefone, que tocava com freqüência. Era muito procurado pelos amigos e, "embora solteiro, nunca foi solitário", diz Francisco de Assis Barbosa. E Vinicius ajunta que

"Manuel era um metódico, mas com imaginação. Nunca vi na minha vida homem menos chato. Tinha uma grande graça natural nas coisas que fazia. Era um ser extremamente elegante em sua maneira de viver e de se exprimir. Jamais uma vulgaridade, uma palavra dita fora de hora. Um grande equilíbrio. Era o que se pode chamar de um ser agridoce, pois usara uma secura de trato para esconder um pouco a enorme ternura humana que ele tinha. E depois, havia aquele riso fácil, aquele riso adunco. Riso seco, mas muito comunicativo."

— Apesar de sensível — diz Francisco —, Manuel procurava ser um homem seco; pelo menos, de poucas palavras. Quando não gostava de uma coisa, calava. Ou então dava aquele risinho característico. Quando gostava, dava aquelas gargalhadas fabulosas.

— Era muito boa-praça — diz Joaquim Pedro. — Muito vivo, às vezes muito violento, achava graça na própria violência. Era um bom caráter.

Joaquim Pedro fez um curta-metragem sobre Bandeira, sete a oito minutos, em que o poeta se revelou — e ele próprio se considerou — um grande ator. Em troca, Bandeira escreveu duas crônicas sobre as filmagens, no fim das quais já "estava meio furioso com tantas luzes e com tamanha subversão que foi feita em sua casa".
Quando foi eleito para a Academia, concorrendo com Berilo Neves, disse, a propósito dos 21 votos que recebeu: "É uma carga de 21 tiros."
Padrinho de uma das filhas de Francisco de Assis Barbosa, "sempre foi um compadre exemplar. Em 25 anos, jamais esqueceu o dia do aniversário de minhas filhas e nunca deixou de mandar um presente, ou flores, um simples cartão, um poema, quadrinhas, os famosos jogos onomásticos. Esse aspecto de Manuel, de sempre fazer poesias para os amigos, era dos mais simpáticos nele".
Foi na casa de Portinari que o poeta e o escritor Fernando Sabino se encontraram. Antes disso, Fernando havia sentado ao seu lado num banco de ônibus, um livro com dedicatória de Mário de Andrade debaixo do braço. Quando viu que seu companheiro de viagem, do Centro à Copacabana, era Bandeira, procurou expor o livro ao máximo, para ver

se dali saía uma conversa. Mas Bandeira continuou impassível. Certa vez, vindo de Londres para 15 dias no Brasil, Fernando não foi procurá-lo. De volta à Inglaterra, recebeu uma carta de Bandeira: "Me escreva, pelas chagas de Cristo!" Em Nova York, o cronista morou no mesmo hotel que Jayme Ovalle, que se correspondia freqüentemente com Manuel, mas como o compositor não fosse de muito escrever, era Sabino quem respondia às cartas — resposta ditada, entrecortada de comentários do próprio Fernando. Nessa ocasião, Bandeira pediu, numa das cartas, que lhe comprassem uma escarradeira portátil.

Itinerário de Pasárgada *nasceu de um pedido de Sabino para umas Memórias literárias de Manuel Bandeira, a serem publicadas na revista* Literária, *que nunca chegou a sair. Mesmo assim, o cronista disse a Bandeira que a revista estava pronta, só esperando a sua contribuição.* O poeta sugeriu:

— Então vamos fazer um acordo. Eu não escrevo e a revista não sai. Pois se até casamento se desfaz na porta da igreja!

Certa ocasião, o telefone tocou na casa do poeta, que pediu a Fernando que o atendesse. Como ninguém respondia ao "alô", desligou o aparelho. Bandeira perguntou:

— Quem era? Era voz de homem? — *Fernando respondeu que ninguém havia falado. Ao que Bandeira acrescentou:* — Então foi silêncio de mulher.

Bandeira queixava-se do anedotário que surgiu em torno do seu nome e contava indignado a história do menino que, tendo voltado do circo, disse que havia adorado "aquele bicho de focinho grande, que gosta de comer formiga. Sabe? O Manuel Bandeira". Sobre sua dentuça, chegou a escrever num poema que parecia um teclado de piano.

— Embora parecesse triste, Bandeira era um homem alegre — *conta Francisco de Assis Barbosa.* — E amava muito a vida. É verdade que ele passou a viver plenamente depois dos cinqüenta, e foi a partir dessa época que o conheci.

E Joaquim Pedro acrescenta que essa alegria era resultante do esforço de ter tentado viver bem e ter conseguido, "até o ponto que sentiu que estava tranqüilo e pronto para morrer".
Há uns dois anos, Bandeira piorou de saúde.

— Acho que a própria doença trouxe-lhe um mal-estar permanente, que praticamente o desligou de todo o mundo. Foi perdendo a memória, e só se lembrava de fatos antigos. Perdeu inclusive muitos amigos de que gostava. Tudo isso contribuiu para seu abatimento ultimamente.

Nessa ocasião, começou a ensurdecer. Mas nem sempre usava seu aparelhinho para surdez. Um dia, Vinicius e Fernando Sabino estavam em sua casa e começaram a conversar entre si tão animadamente que acabaram por se esquecer do poeta, quieto no seu canto. A certa altura, quando pensavam que ele estava desligado do que se passava ao seu redor (estava sem o aparelho na ocasião), soltou um comentário tão propício que mais parecia que estava participando do papo.

— E estava — diz Fernando. — Só que tinha preguiça de falar.

Perguntado sobre como se sentia no Rio de agora, tão diferente do seu Rio, Bandeira respondeu:

— Sinto-me um fantasma. Todos os meus amigos morreram, a minha cidade morreu. Eu já morri e meu mundo já se foi embora.

Já bastante velhinho, com seu tipo franzino, Bandeira ainda tinha coisas de garoto. Quando, num bar, os amigos pediam uísque, pedia um sorvete e torcia as mãos de impaciência enquanto ele não chegava. Quando demorava, cobrava do garçom e sempre a primeira colherada era seguida de uma lambida de beiços. Fernando Sabino acha que Bandeira nunca chegou a perder a juventude.

— Com seu ar de velhinho surdo, soltava de vez em quando as coisas mais jovens do mundo.

Já no fim, parecia gostar mais do repouso. Encontrando com Dante Milano na rua, o amigo comentou como a vida era boa. Ao que o poeta disse:

— Que nada, Dante, bom é dormir.

Poucos dias atrás, tentando calçar o chinelo, tropeçou e quebrou o fêmur. Foi removido para o hospital, onde morreu. Ao receber a notícia de sua morte, o único pensamento de Vinicius foi:

— Coitado, parou de sofrer.

GLAUBER ROCHA:
"O SÉCULO ESTÁ ENTRANDO NUMA BARRA-PESADA"
Livro de cabeceira do homem, volume 4, 1967

— Sou de família protestante, de classe média.

Glauber Rocha é baiano, de Vitória da Conquista, do ano de 1938.

— Com dez anos fui para Salvador, onde estudei num colégio interno americano. Fiz o clássico num colégio público, onde me iniciei no jornalismo estudantil, escrevendo sobre teatro e cinema. Já queria fazer cinema, mas não tinha como.

Participou da campanha político-estudantil para liberar o filme Rio 40 graus, *de Nelson Pereira dos Santos, que tinha sido proibido pela censura.*

— Do contato com gente ligada a cinema, resolvi fazer um filme, um projeto que fracassou. Aí fiz vestibular para direito e fui trabalhar novamente em jornal.

Glauber foi repórter policial, copidesque, repórter geral, gráfico e paginador. Deixou o jornal e fez o curta-metragem O pátio *com seus próprios recursos. Começou a fazer um segundo curta-metragem,* A cruz na praça, *que interrompeu na metade "porque tinha mudado de concepções". Veio ao Rio, onde teve contato com Nelson Pereira dos Santos e Alex Viany. Conheceu Paulo César Saraceni, que estava fazendo o filme* Caminhos.

— Voltei pra Bahia e fui trabalhar no *Diário de Notícias,* dos Diários Associados. Novamente fui copidesque, paginador, repórter geral, uma série de coisas. Nessa época fiz *Barravento,* interrompi o *Barravento,* trabalhei mais um ano, voltei pro Rio. Aqui conheci Leon Hirszman, outras pessoas, e comecei a escrever pro *Jornal do Brasil,* no Suplemento Literário, como crítico de cinema. Fazia crítica de cinema americano.

II. LOCAÇÃO

— Comecei a pensar em cinema nosso com a turma aqui. Escrevi uma série de artigos sobre cinema brasileiro, que teve repercussão. Aí começamos o movimento de Cinema Novo. O Nelson Pereira dos Santos terminou de montar o *Barravento,* que foi um filme ruim, mas que na época teve significado.

Amigos de Glauber Rocha nessa época: Joaquim Pedro, Paulo César Saraceni, Leon Hirszman, Carlos Diegues, David Neves, Gustavo Dahl.

— Seis anos atrás começou o movimento que desencadeou na guerra contra a chanchada, e, em seguida, o ressurgimento do cinema brasileiro, através de vários filmes e de um grupo que passou a se chamar Cinema Novo.

Com a extinção do Suplemento Literário do Jornal do Brasil, *Glauber deixou de escrever e reuniu todos os artigos num livro:* Revisão crítica do cinema brasileiro.

— O livro teve ação de impacto e contribuiu para desmistificar toda uma série de vícios do cinema brasileiro.

Depois de Barravento, *Glauber fez uma viagem à Europa, voltou e fez* Deus e o diabo na terra do sol. *Viajou novamente para a Europa, onde passou seis meses "vendendo o filme, vendo coisas e participando de festivais". Voltou, passou mais um ano aqui, produziu o filme* Menino de engenho, *dirigido por Walter Lima Jr., e escreveu e filmou* Terra em transe.

III. DEFINIÇÃO
— Você é revolucionário?
— Não aceito a sociedade em que vivo e o sistema moral que a rege. Pode-se contribuir de uma forma efetiva para que essas coisas sejam modificadas. Nesse sentido eu me considero um revolucionário. Digo isso sem orgulho, sem empáfia, sem me colocar numa posição moral avantajada. Eu, inclusive, me dou a liberdade de duvidar do que acredito. Mas, dentro dessa medida, sou um revolucionário com a maior humildade possível.

— Você improvisa muito?
— Os diálogos, não. Escrevo 35 páginas de diálogo, mas não faço marcação de câmera ou de cena. Quando chego pra filmar, não tenho a menor noção do que vai ser a cena. Só sei como serão os personagens, como estarão vestidos e como é o cenário. A cenografia eu escolho antes.

— O que é o artista engajado? Isso é importante?
— O problema do artista engajado é perigoso. O artista, hoje, tem de ter "um sentimento do mundo" — como diz Drummond. Há quem defenda o artista engajado, a arte dirigida para mudar a sociedade. Eu não acredito nisso. Não acredito que a arte possa mudar nada. Já acreditei, hoje acho bobagem. A arte influencia uma elite, e as pessoas que se deixam realmente influenciar são os artistas. Disso estou plenamente convencido. Porque o artista vive uma vida social propriamente dita e vive todo um mundo intelectual. É um processo de comunicação de artista pra artista, de intelectual pra intelectual. A massa se influencia pela comunicação de determinadas idéias que não são arte, nesse sentido. O cinema americano, por exemplo, teve uma indústria de pressão de opinião que conseguiu, a longo prazo, moldar uma consciência. Preparou, inclusive, a consciência das civilizações. Toda a classe média da América Latina é formada pela mentalidade do cinema americano. É difícil convencer que o americano espolia a sociedade brasileira. Só se consegue isso nas camadas mais intelectualizadas. A massa mesmo tem o mito de John Wayne, dos caras que

guerrearam pela liberdade. O artista engajado não resolve. O problema é o seguinte: na Rússia, por exemplo, o cinema estatal não conseguiu politizar ninguém. Pelo contrário. Despertou o maior pavor no público e agora eles estão importando filmes americanos e ocidentais. Porque história de operário politizado não resolve, não. Acredito que o cinema didático possa resolver. Cinema didático é o sujeito fazer um filme sobre sociologia de favela, por exemplo, informando o que ela realmente é. Agora, dizer que é obra de arte porque dá lição de moral, dizer que o capitalismo é bom ou mau, isso não resolve. E depois, seria besteira, porque isto não tem nada a ver com arte.

"A função fundamental da arte é tentar conhecer o homem dentro do complexo em que ele vive. Deve ser uma posição diante das coisas, mesmo que seja de busca. Me parece que foi o Sartre quem lançou a palavra *engagé*. Foi um modismo. Logo no pós-guerra era preciso isso, mas depois as coisas vão se revisando. Não gosto muito desses teóricos de arte participante muito badalados pela intelectualidade brasileira: Lukács, Ernst Fischer etc. São pessoas brilhantíssimas, mas que não têm nada a ver com a nossa realidade. Pode parecer um pouco chocante, mas acho que não temos nada a ver também com a maioria dos grandes romancistas europeus. Devemos assumir uma consciência profunda do subdesenvolvimento, pois só podemos nos libertar culturalmente na medida da libertação econômica.

"É muito bonita a tese de que as sociedades subdesenvolvidas podem produzir grandes obras de arte. É bonito, mas não é honesto. Aí é que sou engajado do outro lado: sou contra o estetismo da miséria, contra a transformação da miséria em obra de arte, contra os problemas sociais como fonte artística. Porque o sujeito valoriza isso em termos estéticos e acaba ganhando dinheiro com isso. Os romancistas, músicos e teatrólogos brasileiros estão enriquecendo com essa história. O cara acorda de manhã e diz: não, eu sou de esquerda, eu faço tudo pelo povo. Sai com a boa consciência pra rua, quer dirigir o pensamento das pessoas. O artista é um ser livre, pode abordar qualquer tipo de tema, a busca da Verdade, uma coisa que não se encontra em termos definitivos. Prefiro o lirismo de Carlos Drummond de Andrade a quatro ou cinco versos de outros poetas sobre pão e liberdade. Drummond é muito mais profundo, muito mais projetado no tempo, muito mais perto das necessidades de pão e liberdade do que aquele poeta que diz: "O pão está no meu coração." Esse negócio não me interessa, é subliteratura, agrava o subdesenvolvimento. Um amigo meu, Gustavo Dahl, diz que nós temos que procurar ultrapassar essa condição de subdesenvolvido, mas comprometidos com ela. Temos que ir muito acima do que as coisas aparecem no momento. O esquematismo é a chave da cultura popular e você não pode querer libertar a consciência do povo através de uma problematização — que ele nunca vai poder compreender porque está embotado por uma condição existencial de subdesenvolvimento — antes de libertar o povo economicamente. A obra de arte deve ser ligada com tudo isso, com toda essa cultura, mas sem um moralismo tão imediato, buscando os pontos que possam despertar uma interrogação.

"Mas não vamos querer reduzir tudo a uma lógica mais ou menos primária, como se a pessoa visse e saísse dali crente de que tudo estava mudado. Um grande escritor vai permanecer sempre, vai servir de base para outros. Quem ler isso vai dizer que sou fascista; mas acho que obra de arte é uma coisa realmente nascida dos grandes artistas. O que sobra é Michelangelo, é Beethoven, é Dostoiévski, é Shakespeare, é Brecht, é Graciliano Ramos, é Carlos Drummond de Andrade. Estes, sim, marcam o sentido cultural geral de uma sociedade. Se o sujeito não tem uma capacidade de criar e dizer profundamente determinadas coisas, então o engajamento é reduzido a zero."

IV. ROTEIRO

— Pode ser que tenha sido surpreendente para a crítica e para os que viram o filme *Deus e o diabo na terra do sol*. As coisas só são surpreendentes na medida em que correspondem a uma necessidade que antes não era acreditada. Assim, pode ter sido surpreendente para os que acharam que o momento era imaturo para se fazer uma série de coisas. Eu e os diretores de cinema amigos meus — o Joaquim Pedro, o Paulo César, o Nelson — não achamos porque nós já vínhamos fazendo um cinema brasileiro de uma forma marginal. O cinema não é como a maioria das pessoas pensa: um fenômeno de criação tão espontâneo e livre como, por exemplo, a literatura e a pintura. Você pode conceber um quadro e pode executá-lo com um mínimo de material. O cinema, não. O processo de transformação de um filme durante a filmagem é muito grande, é preciso que haja um conjunto de fatores econômicos e técnicos. No caso do cinema brasileiro, é preciso, inclusive, o fator psicológico do realizador, para que o filme possa se realizar dentro de uma intenção precisa. *Vidas secas*, por exemplo, foi surpreendente porque atingiu um nível de realização esplêndido, inédito no cinema brasileiro. Mas as pessoas que se surpreenderam não analisaram que o Nelson trabalhou dez anos no cinema, passando pela experiência inclusive de frustrações, nem sempre podendo realizar o que queria. *Vidas secas* foi um filme concebido seis anos atrás, e seis anos atrás ele seria feito exatamente como agora e seria tão surpreendente como foi. Ele sofreu apenas um tipo de evolução do próprio realizador. Não seria surpreendente se as pessoas conhecessem o trabalho do nosso grupo e o que nós vínhamos procurando fazer no cinema brasileiro.

Glauber cruza as pernas e começa a gesticular enquanto fala, olhando sempre para a frente.

— Fui um dos primeiros realizadores a ter as tais condições psicológicas, culturais, sociais e mesmo humanas para fazer um filme. Porque pra fazer um filme é preciso se atirar numa aventura existencial maior do que para escrever um livro. Mas o que eu realmente achei surpreendente foi as pessoas acharem surpreendente. Pensei que o filme fosse ter 30% da repercussão que teve. Realmente eu o fiz sem a menor intenção de obter resultado de crítica. Isso me deixou um pouco perplexo e surpreso. A surpresa foi metade pra mim.

SEQÜÊNCIA 2
Glauber fala com uma voz cansada. Tem um olhar vago. Calça meia de cor laranja e sapatos marrons de couro trançado. Não parece ligar para a aparência física. Parece desleixado.
Glauber fala do paralelo de Deus e o diabo *com* Vidas secas.

— Sou um discípulo do Nelson. Em 1959 vim da Bahia pro Rio, não conhecia ninguém aqui. Tinha feito vestibular pra direito. Cheguei sem dinheiro, queria fazer cinema, mas conhecia absolutamente ninguém. Fui procurar o Nelson, que estava filmando *Rio, zona norte*. Falei com ele que queria fazer cinema e aconteceu um episódio engraçado. Ele estava na rádio Mayrink Veiga filmando uma cena com a Ângela Maria e virou-se pra mim e disse: "Olha, se você quer começar a fazer cinema, segura aquela cadeira." Começou assim. Fui um sujeito obscuro que rondou o escritório do Nelson durante um ano, observando-o de longe. Até que aos poucos fomos ficando amigos. Posso dizer que a minha iniciação cinematográfica no plano prático foi dada pelo Nelson. Ele influenciou profundamente na mudança das minhas concepções a respeito do cinema — eu tinha uma visão esteticista e formalista completamente afastada do nosso problema cultural. Decidi fazer cinema no dia em que vi *Rio 40 graus* e cheguei à conclusão de que se podia fazer cinema sozinho. O Nelson teve uma influência profissional muito grande em mim. Depois a amizade nos ligou. Não considero realizado o primeiro filme que fiz, *Barravento,* porque o abandonei na metade. Foi o Nelson que me convenceu a acabá-lo e que fez a sua montagem. Aprendi muito da vida com ele. Mas, pelo desenvolvimento de geração — o Nelson é dez anos mais velho do que eu —, nós fomos, a partir de determinado momento, por caminhos diferentes. De forma que entre *Deus e o diabo* e *Vidas secas* há uma grande diferença, embora haja uma grande intimidade. Sei exatamente das intenções do Nelson quando ele fez *Vidas secas* e ele das minhas quando fiz *Deus e o diabo*. Embora ele nunca fizesse o *Deus e o diabo* e eu o *Vidas secas*. É uma questão de temperamento. O Nelson é voltado para o espírito de análise, de pesquisa, de reflexão. É um sujeito que medita sobre a realidade, é um especulativo. Minha visão da realidade é muito sensorial, eu sou mais extrovertido, procuro uma interpretação mais imediata. Sou muito mais explosivo. De forma que é um problema de temperamento. Considero *Vidas secas* — inclusive do ponto de vista cinematográfico propriamente dito — um filme muito completo, unitário, bem realizado, compacto, preciso. É um filme que, inclusive, teve uma repercussão internacional a longo prazo muito mais sedimentada e que permanecerá na história do cinema brasileiro como um *valor estético*. Acredito que *Deus e o diabo* permanecerá apenas como *valor histórico*. *Vidas secas* é um filme clássico. *Deus e o diabo* é um filme experimental.

— *Existe o chamado filme importante que não seja obra de arte?*

— É como se fosse em política: há as coisas táticas e as coisas estratégicas, há as pessoas que deflagram as revoluções, as pessoas que preparam as coisas antes das revoluções e as pessoas que organizam as coisas depois das revoluções. Portanto, você pode dizer que há filmes que marcaram a história do cinema. Por exemplo, *Cidadão Kane*, que hoje é um filme envelhecido como técnica, tem um valor histórico fundamental. *Cidadão Kane* mudou o cinema como anos depois o fez *À Bout de Souffle*, do Godard. Daqui a vinte anos *À Bout de Souffle* será um *filme velho*, mas ninguém poderá deixar de saber que é um *filme importante*.

— *Então é possível dizer que* Deus e o diabo *é uma obra importante e* Vidas secas *uma obra de arte?*

— *Vidas secas* é uma obra de arte, é um *filme clássico*. *Deus e o diabo* mudou uma série de coisas. Mas quando o vejo hoje, sinto que o remontaria, que cortaria muitas partes. O que vai permanecer de *Deus e o diabo* talvez seja o seu enfoque cultural. Seus personagens vão permanecer, assim como seu espírito literário. Mas enquanto cinema, enquanto montagem, *mise-en-scène*, linguagem de cinema propriamente dito, vai desaparecer muita coisa. Poucas coisas permaneceram. *Deus e o diabo* vai permanecer *pelo seu espírito*.

SEQÜÊNCIA 3
Glauber cruza as pernas, fala de assuntos gerais e retoma a entrevista. Faz o paralelo de Deus e o diabo com Barravento.

— *"Do primitivismo de* Barravento *à ópera popular de* Deus e o diabo na terra do sol, *Glauber Rocha acrescenta ao cinema brasileiro o que Euclides da Cunha adicionou à literatura de sua época: a grandeza."* (Sérgio Augusto)

— Não considero *Barravento* como um filme meu, porque não escrevi a história e o peguei na metade. Não filmei com muito entusiasmo e o abandonei. Depois o Nelson o montou comigo. Não considero um filme, apesar da ligeira repercussão em alguns países da Europa. Pra mim só serviu de experiência. Tive uma certa intenção de fazer uma análise do problema do misticismo religioso, mas não o considero. O primeiro curta-metragem que fiz, *O pátio*, era um filme experimental, uma relação de amor de um rapaz e uma moça. Uma coisa poética, sem diálogo, e que até hoje tem um certo lirismo. O segundo filme que fiz, *A cruz na praça*, é mais ousado, é sobre a violência, e ambos têm imagens que consegui em *Barravento*: a corrida da mulher, a morte. Desenvolvi essas coisas em *Deus e o diabo* e estou tentando pô-las mais avante na *Terra em transe*.

— Dizem que entre Barravento *e* Deus e o diabo *você fez trinta filmes na cabeça. Quantos filmes existem entre* Deus e o diabo *e* Terra em transe?

— Realmente, para quem viu *Barravento*, que é um filme irrealizado, e viu depois *Deus e o diabo*, parece que houve trinta filmes. Nem tanto. Escrevi seis vezes o roteiro de *Deus e o diabo*, fiz praticamente dez filmes fazendo o mesmo filme. Não creio que haja distância entre *Deus e o diabo* e *Terra em transe* tão grande como de *Barravento* pra *Deus e o diabo*, que foi pra mim um filme de descoberta. Descobri o mundo do cinema e as minhas possibilidades de trabalho. *Terra em transe* eu faço com mais tranqüilidade, já sabendo realmente o que posso fazer e avançar. Não há um grande avanço, há mais equilíbrio. Talvez muitas das pessoas entusiasmadas com certos aspectos de *Deus e o diabo* se decepcionem vendo *Terra em transe,* que é muito mais calmo e tranqüilo, muito menos exacerbado. Embora eu ache que seja, talvez, um pouco mais profundo no debate dos problemas. Porque eu apenas evoluí os problemas: o da liderança, da libertação da personalidade. O personagem em crise de *Deus e o diabo* está também em *Terra em transe,* mas já num contexto muito mais político. *Deus e o diabo* está num plano mais místico, numa região do país em que os problemas políticos são transformados em misticismo. Em *Terra em transe* os personagens têm que tomar decisões mais políticas, mais precisas, mais objetivas. O tipo de conflito permanece. É a mesma história de um personagem envolto por lideranças, por idéias políticas de esquerda, de direita e de centro, por um transe, em busca de definição política e moral diante do tempo em que vive. É um filme muito mais reflexivo, é o mundo que eu já descobri e estou analisando. *Terra em transe* é um prosseguimento de *Deus e o diabo.* Cinematograficamente é um filme mais moderno e mais bem-feito. Mas não é tão arrebatador. As pessoas que aplaudiram e choraram vendo *Deus e o diabo* verão *Terra em transe* de uma outra distância. Não posso repetir um filme que fiz. Já venci uma fase psicológica e pessoal, não estou mais descobrindo o mundo. Estou refletindo sobre ele. E vou evoluindo com o tempo e com as coisas, vou vivendo pra frente. Reflito sobre os problemas, mas não chego a uma conclusão no filme. Os meus personagens em *Terra em transe* se arrebentam no auge, não atingem uma solução. Todos os filmes que faço são ligados à minha vida e à minha própria experiência.

— *Quer dizer que você vai fazer um filme quando achar a solução para os seus problemas?*

— Aí acho que não. Porque seria uma espécie de fim de carreira, na medida em que faço filmes de autor, preocupado com problemas meus. É preciso se renovar muito, viver muito. O artista precisa não ter nunca determinadas verdades fixas, tem que ter uma capacidade de observação, de vivência, de — não gosto muito de usar o termo — capacidade dialética, deve ver sempre as coisas dentro, inclusive, de seus contrários. Isso é que justifica fazer cinema, que é um instrumento de conhecimento, de análise. Você faz um filme pra conhecer as coisas, pra se responder e transmitir às pessoas, para estabelecer contatos com novos povos do Universo.

SEQÜÊNCIA 4

— *Equipe grande atrapalha a filmagem? Por que você prefere equipe pequena? É só por problema financeiro?*

— Por problema financeiro e porque me atrapalha. O cineasta tem o trabalho intelectual muito desrespeitado. Quando vai fazer um filme, todo mundo opina, dá palpite. É como se ele estivesse se despindo em público: tem dez pessoas lhe assistindo trabalhar. Amigos palpitam na montagem, na dublagem. Seu trabalho não é respeitado, ele não faz o cinema com intimidade. O cinema é muito aberto, muito devastado. Não é como escrever um romance ou compor uma música, que se faz com intimidade. A equipe grande me chateia. Prefiro sempre usar uma equipe pequena de pessoas inteligentes: um fotógrafo muito inteligente que seja meu amigo, como assistentes ponho sempre dois ou três rapazes interessados em fazer cinema. Foram meus assistentes, em *Deus e o diabo*, o Walter Lima Jr. — que fez em seguida *Menino de engenho* — e o Paulo Gil — que fez *Memórias do cangaço*. Trabalharam comigo porque eram pessoas de talento que não tinham tido oportunidade. Em *Terra em transe*, estou usando uma equipe da geração mais nova. Meu assistente é o Antônio Calmon — que ganhou o prêmio JB/Mesbla. Tem vinte anos. Posso trabalhar com ele em completa intimidade porque ele é um cineasta, quer aprender. Não o trato como assistente, eu o trato do ponto de vista de igualdade intelectual. Meu outro assistente é o Moysés Kendler, do *Jornal do Brasil*. É um crítico que quer fazer cinema. O montador é Eduardo Escorel, que montou *O padre e a moça*. Gosto de dar o filme a um rapaz de 21 anos para que o monte, um rapaz inteligente, que discuta comigo com liberdade. O profissional me considera um diretor de certa posição e começa a assimilar meus erros, por querer me agradar. Com essa turma nova, é diferente. A gente trabalha com esportividade. O Calmon não tem o menor pudor de me dizer que não gosta disso ou daquilo. O Escorel também: quando não gosta de uma cena, diz. Gosto de trabalhar com uma equipe pequena, mas de alta eficiência. O que é, aliás, mais barato e cria menos problema. E você pode dar ao cinema maior dignidade na criação.

SEQÜÊNCIA 5
"Glauber quase não dirige os artistas em conjunto, mas cochicha muito com cada um deles." (Walter Lima Jr.)

— O que é que você cochicha?

— Eu gosto muito de captar a improvisação do ator. Se você explicar as coisas em conjunto, ele vai ficar pensando no outro. E o ator se choca com o narcisismo porque, antes de estar dentro de um personagem, ele quer aparecer bonito, em *close*. É difícil encontrar um ator que tenha espírito de autoflagelação. Esses, em geral, são os grandes atores. O vedetismo prejudica muito. O ator brasileiro tem um narcisismo insuportável, não tem espírito crítico. Então, prefiro logo, sem saber se ele é narciso ou não, chamá-lo em particular e fomentar de certa forma o seu narcisismo, mas sem deixar transparecer. Depois digo a mesma coisa ao outro e posso obter deles a maior naturalidade. Consigo uma espontaneidade maior para as coisas que quero. Eu digo: Olha, naquela cena você toma o cigarro da moça e põe na sua boca. Não aviso pra moça porque senão ela fica esperando e vai querer fazer a cena melhor do que ele. Então digo pra ela: Você fica fumando e olhando pra caneta no bolso dele. Ela fica concentrada na caneta e ele toma o cigarro. Então você consegue o toque natural, consegue romper com o artificialismo.

SEQÜÊNCIA 6
— Por que a maioria dos filmes brasileiros é regionalista?

— Porque a melhor literatura brasileira, a de 1930, é regionalista. E os melhores escritores dessa época são os regionalistas: Jorge Amado, Graciliano Ramos, Rachel de Queiroz, José Lins do Rego. Os cineastas brasileiros, de uma primeira geração, tentaram se vincular culturalmente e se apoiaram no contexto literário já estabelecido. Fizeram filmes regionais. Quando surgiu o movimento de Cinema Novo no Brasil, nós vivíamos uma época de grande agitação social. Os problemas do Nordeste entravam em grande evidência política e a região passou a ser o pólo de atração. A maioria dos realizadores do cinema brasileiro vem dos campos para a cidade e faz os primeiros filmes ligados. Depois, há o *western*, muito ligado às sociedades subdesenvolvidas. A *Odisséia* é um *western*, a *Ilíada* é um *western*, D. *Quixote* é um *western*. Os Estados Unidos têm *western*, assim como o Japão e a Rússia. Os cavaleiros da Idade Média eram *western*. Daí os filmes brasileiros de vaqueiros e do cangaço. Mas hoje a maioria dos filmes é urbana. O Brasil vai ter filmes urbanos e filmes regionalistas, de cangaço e de gente grã-fina. Vai ter cinema de todos os pontos, porque a nossa sociedade é complexa e temos manifestações sociais nas regiões mais diversas. Em 37 filmes feitos no ano passado, só três eram de cangaço. A maioria era urbana.

SEQÜÊNCIA 7

Glauber usa calças blue jeans. É uma pessoa acessível. De vez em quando, franze o rosto na altura dos olhos, uma espécie de careta.

— O que é que está faltando ao cinema brasileiro?
— É o que falta de uma forma geral ao Brasil. É uma situação, uma existência econômica. A qualidade dos filmes brasileiros está na razão direta da falta de recursos econômicos e técnicos, conseqüência da má organização do mercado de exibição. No Brasil, ele é radicalmente controlado pelo cinema estrangeiro, principalmente pelo americano. Não havendo mercado para o cinema brasileiro, os capitalistas não aplicam bastante dinheiro. Não ha-

vendo dinheiro, os filmes passam a depender exclusivamente da maior ou menor inspiração dos diretores e realizadores. Mas acontece que o cinema não é um ato de criação como, por exemplo, a literatura. O sujeito que escreve um romance só precisa de lápis, papel e inspiração. No cinema, você tem a inspiração e não consegue realizar o filme se não tiver uma determinada quantidade de dinheiro e de recursos técnicos à sua disposição. É puramente um problema de estrutura econômica. Se o filme brasileiro pudesse ser exibido com as mesmas facilidades que o americano, e se tivéssemos instalações técnicas, nós teríamos quadros profissionais e os diretores teriam uma possibilidade de continuidade de trabalho que apenas os aperfeiçoaria. O cinema americano tem uma infraestrutura econômica, uma existência industrial. Os filmes ruins sempre existem, mas possibilitam uma média de boa qualidade cinematográfica. Os grandes filmes são uma exceção que acontece em qualquer lugar do mundo, embora no Brasil aconteça em muito menor escala. Mesmo que se faça um grande filme aqui, ele será sempre um grande filme deficiente: o som não funciona bem, a fotografia não é muito boa em vários momentos, a montagem é deficitária, o elenco tem alguns bons — nem todos são bons porque um elenco homogêneo custa dinheiro. Aqui se faz um filme por sessenta, setenta milhões de cruzeiros, e nos Estados Unidos um filme está custando um milhão de dólares. Quem quiser se dar ao trabalho de fazer o cálculo vai ver a diferença. Pra não ir tão longe: um filme de custo mínimo no Brasil é de sessenta milhões, na Itália é de quatrocentos milhões de cruzeiros. Fazemos um filme por quase 25% do orçamento de um filme francês ou italiano e infinito por cento do orçamento americano. O subdesenvolvimento econômico é que dá o subdesenvolvimento cultural. Enquanto não se modificar a organização econômica da sociedade brasileira, o cinema será uma superestrutura. Não se pode montar uma indústria de cinema no Brasil. Se montar, "fale". Já se montou a Vera Cruz e faliu. Não é como indústria de automóvel, que não consegue se sustentar, mas que tem capitais americanos e estrangeiros no meio.

— *E o que está sobrando?*

— Sobram idéias, vontade de fazer cinema, uma realidade cultural propícia ao exercício cinematográfico. Sobra, inclusive, a matéria-prima comercial, que é muito bem explorada pelos italianos e franceses que vêm filmar aqui. Sobra o entusiasmo de uma minoria que luta. Estou firmemente convencido de que, para o cinema brasileiro conquistar seu público, precisamos nos libertar de toda uma submissão econômica e cultural. O cinema americano tomou também o mercado cultural brasileiro, impôs um estilo de cinema com o seu cinema. O cinema brasileiro, expressando uma nova sociedade, tem que ter um novo ritmo, um novo tipo de personagem e autor. Se você bota um filme brasileiro no Coral e um americano no Scala, o sujeito entra no Scala mesmo que o filme brasileiro seja melhor. Porque ele não quer ver as coisas aqui do Brasil. O Brasil é um país terrível. Se você mostrar Copacabana, você verá mendigos nas ruas. Se você mostrar um restaurante de luxo, você não escapa de mostrar um mendigo na porta. É incrível. É chocante. O público não quer saber dessas coisas, ele quer um negócio colorido, bonito, agradável, porque ele está condicionado por uma outra cultura, pelo cinema estrangeiro que imita o americano. Para conquistarmos o público, temos que evitar a entrada de filmes americanos e lutar vinte anos, dando uma média de grandes filmes para, num prazo de dez a vinte anos e num mercado sem concorrência, conseguir desvincular duas gerações dos vícios do cinema americano. Porque ele é uma presença contínua na nossa vida. As pessoas se vestem mais ou menos como no cinema americano, falam como no cinema americano, o ideal da juventude é o ideal do cinema americano. Para o elemento mais intelectualizado, o ideal é o do cinema francês ou italiano, mas pra juventude média é o cinema americano. As pessoas velhas pensam como americanos. Basta dizer que outro dia uma revista fez uma pesquisa num colégio e a maioria das crianças queria ser agente secreto quando crescesse. Influência típica do cinema estrangeiro e do cinema americano. Querer ser agente secreto e policial! O cinema mitifica o policial. Faço cinema no Brasil consciente de que faço um ato suicida, de que o que faço não tem o menor resultado a longo prazo. Tem um resultado mais imediato: eu consigo me sustentar. Nós fazemos a pré-história do cinema, como fazem o México, a Argentina, a África, todos os países subdesenvolvidos e até alguns países da Europa menos desenvolvidos: Espanha, Portugal, Turquia, Grécia. O cinema hoje é uma exclusividade das grandes potências econômicas: Inglaterra, França, Itália, Japão, Estados Unidos e Rússia. O resto é uma aventura artesanal.

SEQÜÊNCIA 8

— Qual é a diferença entre esquerda e direita, aqui?

— Paulo Francis sugere que a esquerda tinha que perguntar: Quem sou eu? Vivemos numa sociedade subdesenvolvida, vítima do imperialismo. A maior vítima do estágio das coisas é a burguesia, e o povo está na dependência dela. O capitalismo brasileiro está hoje esfacelado pelo imperialismo. Essa burguesia esfacelada pelo imperialismo e que se diz de direita deveria ser de esquerda. Esquerda no sentido de admitir que é contra. É uma burguesia incompetente, um capitalismo subdesenvolvido incompetente. Porque ele nunca ousou enfrentar o imperialismo. Tentou fazer acordos com as chamadas esquerdas populares. Mas, no momento em que as coisas começaram a se definir, largou o compromisso e apoiou o movimento salvador de direita, moralista. Pensou que, esmagando as ambições populares, ela se emanciparia economicamente. Mas deu-se o contrário. Ela ajudou a amordaçar a chamada *vox populi* e vive esmagada pelo imperialismo, por uma ditadura. Não tem a menor coragem de assumir o compromisso de lutar contra o capitalismo. A direita deveria ser de esquerda.

— E o que é que há de errado com o Brasil?

Glauber não se abala com as declarações que faz. Continua com a expressão cansada e vaga.

— O Brasil é uma colônia. Apenas deslocou o eixo de colonização de Portugal para a Inglaterra, da Inglaterra pra Alemanha e pros Estados Unidos. Estamos como no século passado. A burguesia come comida francesa, Pierre Cardin lança uma moda em Paris e no dia seguinte os jornais publicam aqui, a nossa juventude veste-se segundo modelos ingleses e americanos, o escritor brasileiro que escreve muito bem imita o americano, o estilo de decoração é francês. Algumas pessoas procuram fazer o que é brasileiro. Mas o que é brasileiro é português. Então volta-se ao requinte colonial, reestruturando-se um passado. Estamos numa civilização em crise, em formação, uma civilização profundamente debilitada pelas suas próprias origens ibéricas, pelo moralismo católico misturado com uma grossura portuguesa, que gerou uma grande incapacidade para a violência — violência no sentido de conquista do trabalho transformador. Falta uma definição histórica mais profunda que só o tempo dará.

— E qual seria a solução para o momento imediato?

— Uma atividade de crítica constante de todos os nossos erros. Só na medida em que formos nos conscientizando do nosso subdesenvolvimento, da nossa miséria cultural, da nossa incompetência política, é que se pode partir para alguma coisa. Para o brasileiro, qualquer coisa daqui é a melhor do mundo. Se o sujeito faz uma boa música, ela é a melhor do mundo; se o sujeito faz um bom filme, ele é o melhor do mundo; se o sujeito joga futebol, é o melhor do mundo. O brasileiro precisa se descobrir, ter consciência do que é e de onde vive. Às três horas da tarde, você encontra um brasileiro na avenida Rio Branco batucando um samba, as pessoas falando as coisas mais absurdas e fora de hora, gente parando nas ruas pra conversar. Não levam as coisas a sério, não têm nenhum sentido de rigor. Até o fascismo brasileiro é uma ditadura esfacelada que se disfarça em democracia. Então não fecha o Congresso, prende as pessoas e solta, cassa e fala em anistia. É tudo uma coisa frouxa. Há que se assumir um rigor diário, as pessoas devem procurar as fontes de autenticidade aqui mesmo. Então o Brasil poderá encontrar os seus próprios caminhos políticos e culturais. Mas isso vai demorar muito, é preciso passar três gerações. Mas a pura libertação econômica e a pura mudança de tática política e de classes no poder não podem mudar radicalmente o Brasil. É uma visão pessimista.

SEQÜÊNCIA 9
Mudamos de assunto e perguntamos a Glauber sobre a juventude. Se ela está melhor, pior, pedimos uma definição.

— Está muito melhor. Nesse quadro dantesco, a juventude é hoje o sintoma mais positivo que se vê no Brasil. A geração dos 17 aos 30 anos é muito boa. É, inclusive, uma geração órfã, porque não herdou nada das outras gerações. As gerações passadas não deram nada. O Brasil deu três ou quatro grandes escritores, o líder político foi Getúlio Vargas. O Brasil ficou perdido e subitamente apareceu a juventude que você está vendo. Os estudantes estão na rua lutando, uma juventude está fazendo coisas em vários sentidos, depois desse golpe que teve, eles continuaram gritando nas universidades. A gente deve dar graças a Deus e achar genial que esta juventude exista. É uma minoria, é a juventude universitária, é a juventude culta. Porque a juventude mesmo, massa de povo, massa social, está alienada nos colégios, estudando umas matérias inócuas de um sistema educacional inteiramente superado, ou está trabalhando, embotada pelo trabalho desumano, ganhando pouquíssimo, pegando quatro conduções para viver e tentando uma saída de sobrevivência. Ou então está de cabelo grande, dançando iê-iê-iê, o que não acho que seja uma alienação, porque ela está se entregando a um tipo de protesto que é válido. Há ainda uma massa, a total, que ainda é uma esperança, que reflete um pouco do futuro. Assim, acho ótimo a juventude dos auditórios de televisão e a juventude que está na rua protestando contra a ditadura. Essas duas somadas revelam uma capacidade de rebelião contra o passado brasileiro. Até o que é bom tem que ser reexaminado porque as nossas tradições são tão podres que não faz sentido cultivá-las. Acho ótimo tudo o que significa destruição do passado. Ainda se pode esperar alguma coisa dessa juventude, líderes políticos podem sair dela. E isso nós precisamos mais do que de artistas. O problema do Brasil é ter muito artista e pouco líder político — no sentido de homens que têm uma consciência social e histórica das coisas e não uma consciência política individualista. Mesmo com suas deficiências, tenho esperança na nossa juventude. Acredito na minha geração, não por um problema de milagre — que é uma fatalidade e uma coincidência histórica. O que se deu é que essa juventude está descobrindo o Brasil, descobrindo que ele é subdesenvolvido, que não vale nada, que não é o melhor do mundo, que não é as cataratas de Paulo Afonso nem as belezas do Amazonas. Que tudo aqui é uma merda e que é preciso mandar brasa pra mudar.

— A moda, o cabelo comprido, por exemplo, tem alguma coisa a ver com a posição dos moços?

— É claro. A forma é sempre uma conseqüência do sentido das coisas. O sujeito usa cabelo comprido porque não está de acordo com o cabelo curto, porque o cabelo está ligado a um *status* social que ele não agüenta. Usa o cabelo grande como protesto e quase como arma. Os caras das sociedades atrasadas usam emblemas e escudos, por exemplo. Os índios usam mil recursos figurativos. De forma que o cabelo grande é uma arma que o sujeito tem. A roupa dele é uma couraça. Ele é todo uma conseqüência. Mas é um protesto inteiramente inconseqüente, porque ele aprendeu essa forma de uma cultura estrangeira. O germe está longe, apareceu com Hércules. Degenerou em mil coisas. É uma espécie de protesto trágico. Aqui no Brasil é fogo, porque a juventude que protesta não sabe contra o quê protesta. Não protesta contra nada definido, porque a sua cultura não é definida. Até o moralismo católico no Brasil está em jogo, com a evolução da Igreja. Falar no povo, antigamente, era comunismo. Hoje em dia, o cardeal fala no *povo*. As pessoas entram em conflito interiormente. O lacerdismo, que antes era entreguista, hoje é antiamericanista. Então não há nada contra que protestar. Objetivamente, essa juventude protesta contra sua própria existência, ela não se aceita juventude brasileira subdesenvolvida.

— E o iê-iê-iê?

— É uma conseqüência disso tudo. Você ouve um disco do Roberto Carlos e outro dos Beatles: o dos Beatles tem uma unidade musical, uma harmonia, uma atmosfera. Os Rolling Stones têm uma qualidade musical comparável à dos grandes músicos. Pode parecer uma heresia, mas não é, em termos de referência estética. Ontem mesmo estava ouvindo os Rolling Stones. É uma coisa que você pode falar em Bach, em Vivaldi. Aqui você vê o Roberto Carlos cantar e a gravação é ruim, não tem muita harmonia, é aquele iê-iê-iê. É todo um processamento de imitação que não tem nenhuma grandeza. Também nós precisamos ter o nosso deus da juventude. Então criou-se o Roberto Carlos, que é completamente subdesenvolvido porque as roupas são imitadas das americanas, o cabelo é imitado, o violão é imitado, a maioria das músicas é traduzida das americanas. O nível musical é muito baixo. A coisa é profundamente lastimável. Também é um protesto contra sua própria existência. Aqui é a lixeira do imperialismo. O imperialismo derrama tudo aqui dentro: as calças *blue jeans,* as novelas. O europeu também derrama. Então não é uma coisa autêntica. É autêntico na medida em que já uma nova geração é toda formada por esse condicionamento cultural. É autêntica enquanto colônia. É de uma trágica autenticidade.

SEQÜÊNCIA 10

Glauber tem uma espécie de gagueira quando começa uma resposta. Articula uns sons sem sentido.

— *Faça uma teoria geral da bolinha, em relação ao jovem e ao momento. Bolinha ajuda, atrapalha, é causa ou conseqüência?*

— Te confesso que não tenho muito o que dizer sobre esse negócio de bolinha, porque não tenho nenhuma experiência nesse sentido. Nunca fui uma pessoa jovem. Fui adolescente e depois um adulto. Não tive a fase intermediária. Falei sobre a juventude como uma pessoa que observa. Nunca vivi as fases da juventude. Mas acho que bolinha, como todos esses derivativos, faz parte disso, de toda uma instabilidade. Mas sobre isso não tenho muito o que dizer, não.

SEQÜÊNCIA 11
Perguntamos a Glauber se ele dá importância à virgindade feminina.

— Pra mim é um problema que não tem maior significação. Devido a meu próprio tipo de formação — uma pessoa marginalizada do processo social normal, de classe média, de família protestante, que não viveu uma fase da juventude onde esses problemas são colocados —, esse problema não me preocupa muito. Existem problemas muito mais sérios. Outro dia li um artigo da Carmen da Silva que dizia que homem que fala sobre a virgindade não gosta de mencioná-la em relação às irmãs e às filhas. Depende do homem que fala. A mim não tem a menor diferença em relação à filha, nem à irmã, nem à namorada, nem a nada. Não é uma coisa realmente importante. É uma colocação decorrente do moralismo católico brasileiro de classe média. Porque esse problema de virgindade só existe na classe média. Não existe no proletariado ou no subproletariado, nem nas camadas mais altas da sociedade. No mais alto capitalismo, esse problema não existe. A virgindade é a base, é a infra-estrutura para a indústria do casamento, para o negócio do casamento — porque o casamento é uma indústria, é um negócio. As famílias de classe média têm problemas econômicos e querem que a filha se case para livrar mais um quarto na casa, um prato na mesa. O rapaz de classe média vê as irmãs criadas nesse ambiente e forma um conceito de virgindade a partir da própria virgindade que os pais impõem às filhas. É uma alienação de sociedades subdesenvolvidas. Existe na Itália, na Península Ibérica, na classe média francesa — que é das mais cheias de preconceitos. Nos países desenvolvidos, esse é um problema tão velho quanto Matusalém. Não preocupa ninguém.

— Você educaria uma filha com as mesmas informações e a mesma liberdade que um filho?

— Claro. Tenho uma filha de sete anos e estou procurando educá-la dentro de uma visão crítica da vida. Sem tabu e mistificação. "Minha filha não tem educação religiosa. Não me preocupo com isso, acho que não é fundamental. Pretendo que ela tenha uma educação sexual — mas não uma educação moral sobre o sexo. E uma pessoa que tem uma preparação cultural, uma preparação científica sobre as coisas do sexo, terá completa liberdade a respeito do seu comportamento sexual."

SEQÜÊNCIA 12

— A moral está mudando para melhor? Qual seria o ideal, para o ano 2000?

— As coisas estão mudando muito. O século está entrando numa barra-pesada. Hoje só existe uma luta. Não é mais a luta do capitalismo contra o proletariado. É a luta do mundo subdesenvolvido contra o mundo desenvolvido, que pode não dar guerra se o mundo desenvolvido não quiser paternalizar o mundo subdesenvolvido e quiser realmente ajudar a sua revolução, a fim de que tudo seja desenvolvido. O que existe é isso. A China parte para uma radicalização antiocidental terrível que tem raízes muito mais culturais do que políticas. A Rússia se desenvolve economicamente de uma forma fabulosa, já atingindo um estágio das potências capitalistas e, se omitindo, apóia a ação dos Estados Unidos no Vietnã, querendo deter o radicalismo chinês. Nós, que somos brasileiros subdesenvolvidos, só temos que ver isso. Nós estamos muito mais próximos à mágoa dos oprimidos do que ao raciocínio dos opressores. Temos o direito de dizer ao mundo desenvolvido o que queremos e o que vamos fazer pra isso. As coisas evidentemente tendem a mudar, não é mais a cultura do Ocidente. Não me interessa a cultura do Ocidente desenvolvido se estou no Brasil. O cinema europeu me interessa se eu estiver na Europa. Se eu me vinculasse à sociedade européia, faria cinema lá. Mas, se vivo no

Brasil, tenho que viver dentro da minha realidade. Então me interessa o cinema que se faz no Brasil, a política que se faz no Brasil.

— *E a moral?*

— Acho que há duas morais para o fim do século. Uma é você abandonar tudo, desvincular-se do subdesenvolvimento enquanto ligação existencial e procurar se melhorar do ponto de vista psíquico e físico. É se largar prum outro tipo de mundo e embarcar no delírio do Ocidente. É saber que pode vir a bomba atômica, que a conquista espacial está aí mesmo, que talvez a vida humana possa ser salva pelos métodos científicos. A segunda seria ficar aqui e assumir essa condição trágica. Ajudar a luta pra que essa luta se desenvolva. Acho impossível o mundo subdesenvolvido se libertar por uma guerra. Quem quiser se rebelar na América Latina vai ter fuzileiro americano dentro, como em São Domingos. Tem que haver uma saída política que talvez seja decidida entre a Rússia e os Estados Unidos, no sentido de ajudar a igualdade dos povos. Acho que será essa a saída. É, inclusive, profundamente anti-romântico, porque há pessoas que vivem em função de uma revolução. Há uma neurose de revolução. As pessoas que realmente têm um furor de vida devem se lançar em rumo desse desespero até explodir. Qualquer outro tipo de engajamento é uma forma de neurose ou de alienação. Isso gera uma mística heróica. É difícil vencer. O brasileiro pode pensar que, com uma boa malandragem, ele pode dominar as coisas. Mas não domina. Esse é o meu ponto de vista. Pode ser que daqui a seis meses eu esteja pensando de forma diferente.

UM PONTO DE ENCONTRO NOS GUIMARAENS
Jornal do Brasil, 24/07/1970

— O SENHOR NÃO NASCEU EM OURO PRETO E MORREU EM MARIANA? — *perguntou o menino a Alphonsus de Guimaraens Filho, obviamente se referindo ao pai. Coincidências e confusões desse gênero acontecem freqüentemente com o filho do poeta, também poeta, com oito livros publicados até o momento. Hoje Alphonsus de Guimaraens faria cem anos. O filho, magro e mineiro de Mariana, terno com colete de tricô aparecendo por debaixo e muitas canetas despontando de dentro do bolso do paletó, do pai nada se lembra porque nem o conheceu (quando morreu, o filho tinha apenas três anos). Mas a legenda do pai na família e mais a sua bagagem literária o fizeram admirá-lo e até cultuar a sua memória.*

O nome é complicadíssimo, ele frisa: Alphonsus de Guimaraens Filho.

E começa a ditar, com pontos e vírgulas, até mesmo formulando as perguntas, o que considera importante falar sobre sua vida e seu pai.

— Sou o 14º dos 15 filhos de Alphonsus de Guimaraens. Que coisa, né, impressionante (de vez em quando, o filho desliga do ditado e solta frases espontâneas). Ao morrer meu pai, já morrera também o 15º filho dois-pontos minha irmã Constança, com pouco mais de um ano. Isso é bom fixar. Tinha eu três anos e era o caçula. Pode-se imaginar a posição de um caçula em prole tão numerosa.

De sua mãe e irmãos mais velhos foi que Alphonsus recebeu, desde pequeno, notícias e informações do pai.

— Não o tendo conhecido, criei vírgula através dessas impressões, a imagem pessoal do poeta, que ainda trago comigo.

E a tudo isso se misturou depois a volta a Mariana, cidade em que nasceu e que fica a poucos quilômetros de Ouro Preto, onde nasceu o Alphonsus pai. Isso foi em 1941.

— Foi nessa época, na verdade, que também conheci Mariana ponto Ali convivi com amigos do poeta, visitei o sobrado onde ele morreu e eu nasci — você vê como as ligações se fizeram — e mais que nunca ficou no meu espírito a perfeita identificação do poeta com o ambiente de Mariana.

"Agora", diz ele, "você poderia perguntar quando despertou meu gosto pela poesia. Não fica bem assim?".

— Aos cinco anos mais ou menos me senti atraído pela poesia. Deve ter sido naturalmente influência do meio familiar, mas também algo ligado a uma predisposição pessoal. Sei é que pedi a uma amiga de minha mãe e que nada entendia de letras — pode botar aí: talvez para a felicidade dela — que me ensinasse a fazer versos. Aos oito anos cometi os primeiros. Você quer dar? São estes: "Pelas vastas campinas/ cantando uns passarinhos/ catando uns capinzinhos/ para fazer os seus ninhos. Estava pronto o seu ninho/ o macho saiu a passear/ por que não volta cedo para o ninho/ e fica só voando pelo ar?"

A este poema se seguiram tantos que Alphonsus teve, certa feita, de queimá-los, aproveitando uma festa junina no quintal de sua casa.

— Nessa casa, você põe entre parênteses rua Tomé de Sousa, 56, em Belo Horizonte, até hoje existente, viveu sempre a família do poeta, a família de Alphonsus de Guimaraens, desde que se mudou para a capital mineira, em 1923. Você vai ver depois por que faço essas referências. Nela foi que João Alphonsus de Guimaraens, meu irmão, escreveu seu conto *Galinha cega* ponto Lembro-me perfeitamente dessa galinha e de como ela amanheceu morta por um gambá. E nessa casa faleceu ano passado, com quase noventa anos, a viúva do poeta.

"Ali o filho fez os seus versos da adolescência, com que organizou seu primeiro livro, *Lume de estrelas*, publicado em 1940. Seu convívio com o irmão João fez-lhe mostrar os primeiros versos e 'graças ao seu estímulo e ao de escritores como Emílio Moura e Guilhermino César foi que me animei a estrear na literatura'."

ALPHONSUS, AFONSO
— Você não acha que poderia agora falar sobre o nome? — *ele pergunta, formula*. — Sentiu alguma vez o peso do nome herdado?

— *e responde*: — A responsabilidade de carregar o nome de meu pai é coisa que ouvi falar desde pequeno. Devo dizer, todavia, que tive sempre a reação mais natural diante dessa circunstância de escrever como filho do poeta. Isso porque a literatura foi sempre a minha paixão e nunca me pareceu que devesse usar outro nome para assinar meus trabalhos senão aquele que meus pais escolheram para mim ponto Mesmo porque vírgula a adotar um pseudônimo, não me restou outra alternativa senão a de me inclinar por aquele com que me tornei autor, isto é, Alphonsus de Guimaraens Filho vírgula já que, como meu pai, sou Afonso Henriques e não Alphonsus. Pseudônimo por pseudônimo, fiquei nesse mesmo.

E ainda agora, quando se comemora em todo o país o centenário de Alphonsus de Guimaraens, muita gente vem falar com o filho sobre o acontecimento como se se referisse a ele.

E aí Alphonsus começa a falar de Brasília, onde trabalha como procurador do Tribunal de Contas da União, e para onde veio em 1961:

— A verdade é que vim com gosto para cá, onde encontrei ambiente para escrever muito mais do que dantes.

Antes disso, foi jornalista durante 23 anos — "entrevistei gente como o diabo!" — e nunca deixou de ser funcionário público.

— Para terminar: doméstico por excelência, sou daqueles que pensam como Camões. Vamos citar um verso de Camões que fica grã-finíssimo dois-pontos "Conversação doméstica afeiçoa."

BRASIL — CAOS — CULTURA
Jornal de Brasília, 14/09/1975

UMA CONVERSA COM ANTÔNIO HOUAISS *(A.H.)*, FRANCISCO DE ASSIS Barbosa *(F.A.B.)* e Carlos Scliar *(C.S.) sobre literatura, cultura e arte brasileira. Um resultado colhido pelo gravador de Maria Ignez Corrêa da Costa (M.I.) e Christina Autran: muitas idéias lançadas, poucas conclusões, mas um debate franco sobre um Brasil assimétrico, difícil de ser compreendido em sua totalidade.*

F.A.B.: Publiquei um artiguinho no *Jornal do Brasil*, no suplemento do livro, sobre o problema do livro e sua divulgação, e cheguei a essa conclusão: uma pessoa que fez um trabalho muito importante, fazendo um inquérito em várias áreas brasileiras, em diversas regiões, sobre a atividade dos jovens estudantes, chegou à conclusão de que o lazer mais caro é a leitura. Por exemplo, numa cidade do interior, uma pessoa não tem teatro, nunca assistiu a um balé, a não ser pelo cinema; o cinema é barato, a TV ele tem em casa, o rádio também, mas o livro é mais caro. Então como resolver esse problema? Através de convênios com universidades, com o Instituto Nacional do Livro? Isso chega, isso basta? Esses livros, em geral, são livros que alcançam um determinado público, sobretudo universitário, mas não alcançariam toda a massa. Ademais, o convênio barateia o livro, torna o livro mais barato, mas não tão barato a ponto que o livro possa competir com o cinema.

Chris: E o povo está cada vez mais perdendo o hábito da leitura, vendo televisão. Na Europa a gente vê gente com livro na mão até no metrô.

F.A.B.: Vejo todos os dias nos jornais uma sessão diária sobre música popular, outra sobre cinema, sobre teatro...

A.H.: Sobre o café-*society* também...

F.A.B.: Ah, essa é enorme! Alguns jornais têm até duas. É incrível o espaço tomado, enquanto que quase não vemos sessões de livros. Outro dia fomos assistir a um filme em Brasília, e no jornal havia um casamento de uma fulana com um fulano, obviamente matéria paga. E colorido! Ainda se fosse de um fulano com outro fulano, seria jornalístico.

M.I.: *A partir dos vestibulares, onde as pessoas têm de responder apenas com um sinal, um X, vemos as pessoas desaprendendo a escrever, a redigir. É para simplificar as coisas, atender à massa. No caso da leitura, vocês não acham que as pessoas têm mesmo é menos tempo?*

F.A.B.: Acho que a produção literária no Brasil é muito pequena proporcionalmente.

M.I.: *Não acha que é uma questão também de menos tempo interior, menos capacidade de contemplação, de concentração por parte das pessoas se deter em cima de um livro?*

F.A.B.: Isso é um hábito que vem, digamos, da infância. Me lembro que o tempo em que li mais vorazmente, tinha de 13 a 15 anos.

Chris: Me parece que a infância de hoje é bem mais trepidante, mais angustiada.

A.H.: Eu poderia psicanaliticamente introjetar uma coisa. Há vários componentes para esse estado de coisas no Brasil atualmente, e, sem se fazer um retrospecto, talvez a gente fique debatendo um sentimento de *mea culpa*, cada um tem culpa. A preliminar minha é a seguinte: Nós falamos em povo brasileiro e esquecemos a realidade fundamental: a de que ainda somos um povo analfabeto. Então, quando falamos em povo, *ipso facto*, tratando de livros, excluímos uma faixa que vai dos 55% aos 75%. A realidade concreta é que o Brasil é um país de 80% de analfabetos. Com isso, quero dizer indivíduos que possam ler o que lhes é transmitido, porque há um nível de leitura que não chega a ser alfabetização, poderia ser um cartilhamento do indivíduo, mas ainda não é uma forma de transmissão da mensagem visual escrita tal que ela seja interpsíquica eficazmente. Então há uma faixa enorme de considerados alfabetizados que só são capazes de ler um recado, mas que podem, por isso, votar, fazer a assinatura. Na verdade, são criaturas que fazem o uso da palavra escrita extremamente episódico e limitado na sua percepção.

F.A.B.: Temos de considerar o fato de que o Brasil é um país assimétrico, no entanto, temos que encarar o problema globalmente.

A.H.: Não, não. Você antecipou um julgamento que eu não quis prefigurar. Se você remonta à editoração de livros a partir do Renascimento, do livro como tal, há estudos lindíssimos sobre o livro entre aspas — isto é, o manuscrito — a partir dos primeiros momentos da época de Péricles, que é quando os copistas começam a funcionar, e a cópia da cópia da cópia manuscrita começa também a existir. Já nos diálogos de Platão há referência a isso, e até a época alexandrina você começa a ver um incremento, inclusive, dos escriturários. É que a oralidade da literatura, da palavra escrita, ainda era tão maior que a da palavra lida que, não obstante as tiragens únicas — não se esqueça de que cada livro era feito individualmente, não havia impressão —, os livros não eram lidos, no sentido moderno da palavra, no sentido que escandalizava são Tomás de Aquino: há uma passagem nas *Confissões* em que se declara escandalizado com a capacidade de seu mestre de ler em silêncio. O hábito da leitura era tal que o que se lia tinha de ser lido em voz alta, mesmo se você estivesse sozinho. Bom, resumamos isso. Até o advento da imprensa, a literatura subsistia à transmissão da palavra escrita, graças aos apógrafos, a cópias e cópias manuscritas. Por definição, uma leitura era feita colegiadamente. Em lugar de haver um leitor para si mesmo, havia um leitor para diversos leitores. Só a partir do Renascimento tivemos um crescendo de tiragens. Os primeiros livros devem ter sido tirados a vinte, trinta, quarenta exemplares. Era um ideal ainda manuscrítico. O crescimento das tiragens era ainda uma coisa lentíssima. O *boom* da tiragem se inicia praticamente no início do século XIX. Em meados do século XIX é que se atinge a concepção do livro de massa, e que só se realiza praticamente no início do século XX, com as tiragens de bolso.

"O que quero dizer é justamente isso. Retardatários que somos dentro desse processo, já estamos num processo que talvez venha a alijar o livro da existência social, sem termos atingido sequer o ápice da evolução do livro. Nós não criamos aquela massa de alfabetização que, na Europa, já se havia criado e que significa uma potencialidade de demanda. E, antes de atingirmos esta fase, estamos vendo a caducidade do livro. Porque o livro, naquele então, era o objeto *sine qua non* para que você pudesse ter vida espiritual. Você, se alfabetizando, automaticamente se encaminhava para o livro. Porque quais eram as alternativas que você tinha? Não sendo aristocrata, não seria a música, que era a música popular; não era o balé, que teria de ser a dança popular da qual você participasse, mas que eram episódicas. O seu lazer tinha que ser ocupado beneficamente pelo livro, que era então o escape, o encantamento, o aprendizado, era a autoformação, era tudo. Uma alfabetização, naquele então, significava a abertura de um universo. No mundo moderno, a alfabetização vem encontrando tremendos obstáculos porque, no momento em que você quer alfabetizar, você oferece, alternativamente, o transistor, e em certas áreas já a TV, que ainda não tem a divulgação do rádio. Então o rádio, nefasto entre aspas, está sendo tragicamente nefasto porque está dispensando a necessidade de ler. E está mais: em certas áreas ele está matando a baixa tradição — baixa no sentido nobre, aquela tradição mais autêntica — porque a forma de criação oral, que era a forma de sobrevivência de certas coletividades, está perdendo sua razão de ser, porque a oralidade do grupo está sendo... Desculpe, mas minhas origens me obrigam a isso — uma das culturas mais importantes

por sua oralidade foi a cultura árabe. Os beduínos tiveram uma função, desde o primeiro milênio antes de Cristo, de criar uma literatura, em prosa rítmica, que foi sempre a fonte de inspiração de todo o pensamento literário árabe. Hoje, a mercadoria espiritual que vem através do rádio é outra."
Chris: E o folhetim do Nordeste?
A.H.: Ele tem uma velha tradição medieval. É incontestável que os volantes franceses, espanhóis, portugueses e provavelmente ingleses existiram desde o advento da primeira tipografia. E antes delas, essas folhas volantes devem ter sido precedidas de uma tradição oral, que existiu e existe ainda na Europa, paralela à tradição das folhas volantes. Na Espanha ainda há literatura de cordel. No Brasil ela só vai aparecer nos fins do século XIX e início do século XX. O registro mais antigo que existe é de um folheto de 1905. Alega-se que existem folhetos de 1890 e tantos. Nunca ninguém viu. Esperemos que eles existam. Mas esses folhetos, quando você lê o seu conteúdo, sobretudo os mais antigos, revelam uma estrutura de pensamento e de linguagem extremamente anterior, que presume necessariamente uma herança oral viva, intensa e altamente canônica, altamente codificada. O José de Alencar já se refere a isso, como ao fato dos cantores. Ele é o elo tardio de registro de um fato que deve ter existido no Brasil a partir do século XVI, ou eventualmente do século XVII. Mas o folheto foi um fenômeno muito importante no Brasil. Houve um momento em que a baixa tradição — baixa no sentido nobre —, o povo que não tinha literatura, tinha literatura através do folheto, que tinha tiragens de até vinte mil exemplares, superando a de literatura erudita. Possivelmente a grande editoração brasileira, durante um certo período, entre os idos de 1910 a 1930, nessa literatura de cordel tenha sido supervisores *soi-disant* oficiais. É um fenômeno tão importante que não compreendo que parte da inteligência folclórica, antropológica e histórica brasileira não esteja debruçada sobre ele, antes que ele desapareça, já que está sofrendo o impacto do transistor.

M.I.: *Quando a gente pensa em termos de cultura brasileira, o que a gente sente, mesmo na pintura, não sei até que ponto na literatura, mas no desenho industrial e em tudo que tenha relação com arte, é que a gente está cada vez mais se afastando das raízes brasileiras, em vez de fazer alguma coisa que, se fosse baseada nessas raízes, poderia ser universal. E as nossas coisas não estão sendo universais porque estão sendo na base do* déjà vu. *A música é talvez a única coisa que a gente tenha mantido. A linguagem brasileira, na gíria, será que estamos chegando a alguma coisa?*

A.H.: Maria Ignez, você perguntou demais. Vamos responder à primeira parte, que é excelente para que o Chico responda, e o Scliar entre no jogo, porque aí ele tem algo a dizer.

F.A.B.: Quero fazer uma pequena intervenção que vai servir de introdução ao que o Scliar vai dizer. Acho que há um trabalho geral pouco citado, pouco referido, de Manuel Bandeira, sobre a evolução das artes plásticas no Brasil. Não sei se foi num folheto, ou uma conferência que ele fez, mas o fato é o seguinte: o Manuel Bandeira dava um grande apreço aos artistas coloniais, aqueles pintores que, ainda antes da Independência, iniciaram a pintura brasileira. Como Ataíde, como Leandro Joaquim. Eles não seriam pintores com uma grande técnica, mas eram pintores que refletiam bem o Brasil, a luz brasileira, a cor brasileira, a vida brasileira. Diz Manuel Bandeira que, com a vinda da missão artística francesa, criou-se no Brasil o academismo, o maneirismo. Esses pintores foram colocados para trás, veio uma série de pintores medíocres que tomaram conta totalmente do que era o sentido da arte, quer dizer, a arte só era concebida à maneira francesa, no maneirismo francês.

Chris: *Mas aí veio a Revolução de 1922 e tudo continua igualzinho.*

F.A.B.: É verdade que antes da Revolução de 1922 houve muitos pintores no Brasil que tentaram fazer novas experiências, contato com a terra, com a luz brasileira, com a cor brasileira.

"Mas a verdade é a seguinte, na maneira de ver o Brasil. Houve primeiro a geração de 1970, cuja grande figura em matéria de ver o Brasil — Euclides da Cunha, por exemplo, viu o Brasil tragicamente. Deu o primeiro choque com *Os sertões*. É um livro importante na nossa literatura, mas que está cheio de erros sob o ponto de vista científico. E hoje mesmo já se sabe que historicamente o livro de Euclides era um livro superado. Já se chegou, através de pesquisas, a um novo perfil do Antônio Conselheiro, que foi um homem que saiu pelo interior do Brasil a pregar o quê? Ele queria construir hospitais, cemitérios, escolas, e nessa pregação conseguiu muito disso. Então foi considerado louco. Isso é a tese do Euclides da Cunha."

Chris: *Mas mesmo que ele não tenha sido fiel ao Antônio Conselheiro, se ele retratou o momento, as cores, o ambiente...*

F.A.B.: A importância do Euclides é que a cultura brasileira vivia só dentro da faixa litorânea, ela ignorava o sertão. Havia uma dicotomia, e ele mostrou, deu um alerta de que havia um Brasil sertanejo, que estava sendo esquecido.

M.I.: *E que o Ariano Suassuna, quem sabe, encontrou, no aspecto épico, fantasioso, mítico.*

A.H.: Divergir aqui não significa que a pessoa esteja querendo corrigir, mas que está querendo acrescentar. Ao que o Chico disse não quero dizer que vou contrariar, quero dizer simplesmente que vou acrescentar. Na realidade, o Brasil é dicotômico, e é muito triste dizer isso, porque as pessoas que pensam Brasil pensam que estão pensando Brasil, e não conseguem pensá-lo, porque o mais que elas fazem é pensar uma certa situação de seus co-semelhantes, de seu ambiente, de sua estrutura de formação, de sua capacidade de ver, de gozar, de sofrer, de sobreviver, do que for. Mas existe um tremendo hiato na cidade e no campo, no litoral e na cidade. Quer dizer, não é só o Brasil sertanejo, não, é qualquer Brasil.

F.A.B.: Acho que não são só dois Brasis, são vários Brasis.

A.H.: Quando certo grupo começa a falar em termos de Brasil, na realidade está falando em termos de seu grupo. Ele faz a crítica e a autocrítica de seu grupo, mas não chega a incluir na problemática do seu grupo a globalidade do país. A forma crítica é essa: a da dona-de-casa que está angustiada com a situação político-social de seu país mas que se acha no direito de ter duas ou três empregadas e não vê o contra-senso que existe nessa implícita aceitação da situação. Isto é a realidade brasileira.

F.A.B.: Não, isto é um dos aspectos dessa realidade.

A.H.: E como ela tem sido superada? Pelos visionários, os únicos indivíduos que apreendem a totalidade do Brasil, que tomam uma dimensão total, que sentem a globalidade da coisa e não sabem formulá-la lógica, cartesiana, dialeticamente, mas sabem senti-la. E daí tanta beleza que você encontra nos visionários. Nessa categoria incluo um Manuel Bandeira, um Drummond, um João Cabral, um Jorge de Lima, alguns dramaturgos, e incluo um número não pequeno de pintores, que é quando eu queria dar a palavra ao Scliar, porque a técnica do pintor de apreender a totalidade brasileira é muitas vezes programática, extremamente circunscrita. Ele quer fazer este tipo de arte porque acha que aquela é a correta, mas entram na sua sensibilidade componentes que, *malgré lui*, começam a interferir. Então, a luz: ele quer fazer Mondrian, mas as cores e a luz dele não funcionam dentro de uma programática puramente alienada. E ele passa a ser uma antena involuntária. A pintura e a arquitetura, nesse ponto, têm sido extremamente importantes.

F.A.B.: E a música também.

A.H.: E a música. Por estranho que pareça, nesses poetas, nesses visionários, por mais teorética que seja a sua formulação, por mais convencido de que ele tem a fórmula de fazer o que ele quer fazer, ele, sendo um indivíduo de certo valor experimental, começa a brechar-se a si mesmo. Ele está sendo contaminado. Ele é sobretudo um sensível, mais do que um intelectual.

M.I.: *Mas ele pode ser um sensível inconsciente, porque nós temos grandes arquitetos e no fundo fazemos uma arquitetura que não é para o nosso clima, quer dizer, os vidros que depois vão exigir cortinas e o ar-refrigerado, enquanto que, se as paredes fossem grossas e as janelas pequenas, você não precisaria deles. Acho é que a coisa está distorcida.*

F.A.B.: Acho que é impossível sintetizar o Brasil inteiro, porque na verdade nós somos ainda um país caótico. Quando me lembro de *Terra em transe*, do Glauber Rocha, eu vejo um rapaz de extraordinário talento que tentou chegar e ter uma síntese do Brasil. Como é também o caso do *Macunaíma*, do Mário de Andrade, que quis fazer uma rapsódia brasileira, que no fundo é um grande livro mas evidentemente furado em muitos pontos, porque é muito difícil sintetizar o Brasil. Por exemplo, eu pergunto ao Scliar: se ele fosse convidado a fazer um painel em que coubesse todo o Brasil, ele seria capaz de fazer — ele ou algum pintor brasileiro?

C.S.: Eu gostaria de começar a falar nesse assunto discordando de você quanto a *Macunaíma*, que não é o meu ponto de vista, pois eu acho que ele pegou uma síntese do Brasil de tal ordem que não é por acaso que o *Macunaíma* foi buscado por Joaquim Pedro de Andrade e reinterpretado em termos visuais. Na minha opinião, é uma das fitas mais vibrantes, mais ricas de uma seiva do Brasil de hoje, onde, inclusive, tudo aquilo que a situação permitiu, ou não, foi elipticamente transmitido. Eu acho que uma obra que permite ser prolongada através de outro meio de expressão — no caso o cinema — e ser compreendida com uma capacidade criativa como a do Joaquim Pedro, descobriu aspectos desse Brasil. E, nesse ponto, eu acho como você — um único Brasil total eu não conheço ainda. Eu faria mais um parêntese quanto à observação do chamado Brasil tropical, que é um aspecto do Brasil. Eu acho, por exemplo, que para toda uma faixa de artistas que são produtos da cultura do sul do país, indiscutivelmente eles não podem trazer uma carga tropical. Para mim, o grande pintor brasileiro — eu quero aqui fazer a minha homenagem — se chama Di Cavalcanti. E exatamente o que ele não tem de refinamento técnico é Brasil também. Sou, pessoalmente, tremendamente marcado pelo Segall, que é um pintor refinado, de formação européia, como é a minha inclusive, e desde que me conheço fui marcado pelo expressionismo alemão, daí que, automaticamente, Segall seria o artista que eu iria procurar naturalmente, chegando em São Paulo. Depois, o Di Cavalcanti, com todo aquele lado meio relaxado, do intelectual que pinta, e que faz dele um fenômeno da natureza. Ele é desigual desde o começo e, portanto, autêntico desde o começo. Eu hoje estou cada vez mais convencido de que, dentro de todas as condições em que estamos, a única diferença que eu colocaria entre o pessoal da pintura e o pessoal do cinema é que os públicos são diferentes. Na pintura, o artista hoje tem que ser um sujeito convencido de que atua sobre um público muito pequeno. Eu diria que é chover no molhado, porque ele sabe que apesar disso a função cultural da obra dele transcende o público a que ele se dirige no momento.

M.I.: *Por que isso, se a arte hoje está evoluindo num sentido muito mais de massa, de arte conceitual, de laboratório, de coisas de grande público?*

C.S.: Laboratório é o contrário de grande público!

M.I.: *Não, quero dizer laboratórios participados pelo público, assim o museu ideal seria um grande laboratório e não o lugar onde se sacraliza uma obra.*

C.S.: Eu acho que, num país como o nosso, onde estamos de certa maneira redescobrindo raízes, não é por acaso que quando vocês falam, em certo momento, sobre o litoral, nós pensamos em termos da arte que existiu no litoral — que era uma arte marcada pela influência ibérica — e que pelo interior virão os discípulos desses mestres, de repente o lado rústico e precário do interior se tornando exatamente uma marca nova. Por isso o barroco mineiro tem peculiaridades que o barroco baiano não tem. Aleijadinho, por exemplo, só existiu por acaso, porque não foi destruído, já que estava no interior. E passou a ser valorizado pelo modernismo.

F.A.B.: Existe um artigo de João do Rio em que ele descreve uma visita a Congonhas do Campo e diz horrores do Aleijadinho.

C.S.: E não era um ponto de vista único, não, era generalizado. Ele colocou muito bem dizendo que quando chegou a Missão Francesa, ela indiscutivelmente nos trouxe o preconceito da corte francesa e de tudo o que seria posteriormente, no século XIX, o espírito do *salon* francês, que dominou não só no Brasil mas no mundo inteiro. Com um impontual atraso, nós sabemos que chegou ao Brasil a influência do impressionismo, com esses artistas que hoje estamos recuperando, como Visconti e toda uma série de pintores do começo do século que, na busca da luz, realmente buscavam o Brasil, talvez até inconscientemente. O problema da pintura estava ligado não ao ateliê, onde se fazia uma fórmula vazia de Paris, mas exatamente numa busca da luz brasileira.

M.I.: *Mas você não concorda que, hoje em dia, talvez por influência dos meios de comunicação, que trazem com mais agressividade a influência lá de fora, não se está fazendo isso? Não há poucos Krajcberg, poucos Rubem Valentim?*

C.S.: No momento em que você fala em Krajcberg e Valentim, muito bem citados, eu poderia citar ainda o Antônio Henrique Amaral, com as bananas; Gastão Manuel Henrique, cujo trabalho tem a marca de um barroco decantado por ele; Glauco Rodrigues, onde, de repente, toda a iconografia brasiliana é redescoberta. Nós vamos descobrir que tudo o que nós recebemos de fora — na medida em que os artistas daqui peneiram com a sua sensibilidade —, aí eu utilizo o conceito de Oswald de Andrade; *nós comemos.* Nós somos antropofágicos indiscutivelmente, e tenho a impressão de que esta consciência está cada vez maior. É o caso do Krajcberg, um homem que veio da Europa com uma cultura e uma formação européia e que o Brasil é tão forte que o mastigou — só que, ele sendo o artista que é, está aí a sua obra, que realmente é Brasil. Então, esses diferentes aspectos, eu acho que são exemplos — e olha que eu defendo aí um ponto de vista, eu que sou um pintor nitidamente cartesiano, que pensa e acha que, aí partindo de Leonardo da Vinci, a pintura é uma coisa mental, pelo fato de me sentir tremendamente ligado não só ao fato social brasileiro, mas integrado a toda essa problemática que eu estou vivendo, acho que, queira ou não, o meu trabalho tem que refletir Brasil. Aspectos de Brasil aparecem na obra de qualquer pintor brasileiro.

IBRAHIM SUED: UM QUARENTÃO REALIZADO
Revista Manchete, dezembro de 1967

IBRAHIM SUED É UM HOMEM REALIZADO.

— Não desejo mais nada na vida. Estou com a erva. Sou o jornalista mais bem pago do país, tenho a maior audiência de telejornalismo. Fora isso, não quero mais nada.

Mas aceitaria uma embaixada.

— Também não aceito qualquer embaixada mixuruca, não. Se me oferecerem, aceito, mas tem que ser uma boa.

Mas isso só vale para o ano de 1970.

— Minha fábrica de uísque Old Lord está começando agora e não posso me ausentar do país por dois anos.

A embaixada poderia ser no Líbano.

— Beirute é uma pequena Paris. É um lugar onde se vive muito bem e onde tenho raízes.

Ibrahim é oriundo de Biblos, cidade fundada há cinco mil anos.

— Por isso é que eu digo para a periferia que tenho cinco mil anos de sangue puro.

Mas para 1970, Ibrahim já tem o convite da vice-governança da Guanabara por uma chapa que não pode ainda revelar. Acabou de desmen-

tir sua candidatura à Academia Brasileira de Letras. Ibrahim não quer ser imortal.

— Não tenho essa pretensão. Se quisesse entrar pra Academia, entraria. Mas não quero. Porque reconheço humildemente que não tenho aptidões literárias. Escrevi um livro — *000 contra Moscou* —, mas sem conteúdo literário. É um livro-reportagem. Não tenho culpa que ele tenha batido recorde de venda ano passado. Tem uns intelectuais aí que são doidinhos pra entrar na Academia e morrem de vergonha de dizer. Eu, não. Se eu quisesse entrar, eu dizia.

E explica como nasceu o boato.

— Tem uns sujeitos que querem cartaz à minha custa, botando meu nome no jornal. E fazem notícia da notícia. Um dos males dos jornais brasileiros é esse: não checar a notícia. Esse cuidado eu tenho com meu noticiário. Às vezes procuro confirmação até com o próprio presidente da República. Tenho uma equipe que colhe noticiário para mim e dou a eles a maior cobertura. E a verdade é que eles gostam de trabalhar comigo. No meu programa na televisão, sai sempre o nome deles. Porque eles têm que aparecer. Uns são gratos, outros não. Mas acho que não devemos nunca esperar a gratidão. Se não foram gratos a Jesus Cristo, muito menos a mim.

Ibrahim descobriu o jornalismo passando fome, comendo meia porção no restaurante Reis.

— Para a nova geração: esse restaurante era uma espécie de Saps. Muita gente importante já comeu lá.

Sua primeira especialidade no jornalismo foi a fotografia.

— Grandes sujeitos cresceram com a fotografia: Lord Snowdon, Jacqueline Kennedy e eu.

Hoje, Ibrahim é um jornalista lido por todas as camadas.

— Irajá, São Fidélis e arredores são núcleos onde tenho leitores. Fui convidado para patrono de uma turma do colégio Irajá e a Câmara dos Vereadores de São Fidélis votou uma moção congratulatória a mim pelo meu noticiário de interesse público. Isso é que me dá felicidade, ser um jornalista lidíssimo e, por conseguinte, realizado. E é isso que chateia meus inimigos, que escrevem pra meia dúzia de leitores.

Formula e responde à pergunta: E essas coisas que dizem de você nos jornais?

— Nesse particular, sou como o Eisenhower, que tem a frase: Não dê um minuto de seu tempo aos seus inimigos. E eu não posso perder um minuto, porque tenho coisas mais sérias pra pensar.

Procura sempre dar a notícia de uma forma diferente "e todo mundo hoje tenta me imitar". Não tem maiores ambições.

— Se eu tivesse, seria um milionário. E a filosofia é essa: não ser milionário e viver como se fosse. Porque não tenho as preocupações que eles têm. Esse é o conselho que dou para os jovens. Hoje eu me sinto um coroa, quarentão e muito feliz.

E explica:

— Esse termo "coroa" está em moda novamente. Mas o fato é que fui eu que o ressuscitei. Mas as bonecas não gostam. Pra finalizar, gostaria de dizer que me contento com uma embaixada ou vice-governança da Guanabara. Mas não agora — por falta de tempo. Em 1970, talvez me interesse pelo assunto. Mesmo porque uma embaixada num grande país não faz mal a ninguém. E uma vice-governança também serve: não dá trabalho e não sou ambicioso. Mas até 1970 os candidatos àqueles postos podem dormir tranqüilos: eu ainda não estou no páreo...

CARLOS IMPERIAL RASGA A FANTASIA
Revista Manchete, fevereiro de 1968

QUANDO ELE ANUNCIOU, RECENTEMENTE, QUE TINHA MANDADO FAZER UMA fantasia para concorrer no baile de gala do Municipal, todo mundo achou que era demais. "Imaginem, aquela figura imensa e barbada na passarela, com lantejoulas, plumas e manto! Isso deve ser publicidade. Pois na mesma semana o próprio Carlos Imperial se encarregava de acender a fogueira, no seu melhor estilo. Não só confirmou a fantasia como ainda foi além:

— Serei o primeiro homem a desfilar no Municipal.

No dia seguinte, a televisão se incumbia de aproveitar a declaração, transformando-a num bate-boca com alguns desfilantes tradicionais. As ofensas chovem de lado a lado; com certeza, irão além da Quarta-Feira de Cinzas. Assim é o Carlos Imperial que todos conhecem. Agressivo, espalhafatoso, com vocação para ser notado. Ele me recebe descalço, os pés sobre o sofá, explicando por que banca o "grosso":

— Assim a gente fatura mais.

"Existem duas coisas na minha vida: o que eu sou e o que eu quero ser. Depois de muito tempo bancando o *bonzinho*, senti que a televisão precisava de um vilão. Fui aos filmes italianos do Ringo e do Django, via eles batendo na cara de todo mundo e as mulheres todas suspirando por eles e dizendo que eles eram bárbaros. Ah, é? Então iniciei a campanha do vilão. Quando tem um cara importante aí, eu começo a falar mal dele, digo que ele não é homem, que a mulher dele o engana. Aí o cara quer brigar comigo e começa a me malhar também. No *Essa Noite se Improvisa* só tinha bonitinho e eu fiz a maior bagunça. O resultado é que a Record dobrou meu salário. Somente a vaia consagra o artista. O aplauso está muito vulgar hoje em dia."

Carlos Imperial é amado, pixado, glorificado e desprezado. No fundo, se acha um sentimental.

— Procuro bancar o cara grosso. Você cai dura se vir no meu quarto os meus livros de cabeceira: só poesia. Sigo o absolutismo da filosofia oriental de vida, a predeterminação do destino, essas coisas. Porque nós vivemos à nossa própria procura. O Carlos Imperial de verdade foi um sujeito que, sendo de família de posses, com 19 ou 20 anos foi varrer o estúdio da Televisão Tupi. Meu pai era diretor de banco e por ele hoje eu seria banqueiro. Fui puxador de cabo de câmera e comprador de sanduíche. Era um *boy*. Sabe lá o que é isso, garota? Tinha um detalhe: eu trazia o melhor sanduíche que havia, pro cara poder dizer: "Puxa! Que sanduíche ele sabe comprar!" Segui todos os escalões da televisão.

Na sua carreira de bastidores na tevê, Imperial chegou a produtor. Hoje largou essa tarefa para ser "bandido".

— Como bandido faturo muito mais do que faturava como bonzinho. Recebo mensalmente três excelentes ordenados — da TV Record, da Tupi e como compositor —, o que me permite morar num tríplex.

A casa de Carlos Imperial é mesmo de se perder de vista. Salas enormes, muitas flores de plástico, espelhos acompanhando a altura das paredes, lustres de cristal. Não há um enfeite sobre os móveis. Ele vestia uma camisa estampadíssima e suas famosas sandálias-chinelo. Tem cabelos meio grisalhos, olhos verdes e barba bíblica. É enorme. O fotógrafo pediu uma foto séria, de terno. Imperial nos levou ao seu quarto para escolhermos um, e acabamos optando pelo smoking — que ele chama de ismúqui. Não gostou da idéia de ter que calçar sapatos fechados e meia. Levou cerca de vinte minutos para se vestir. Ele tem muita roupa. Gasta um terno e quatro calças por mês, além de dez camisas. Depois de certo tempo, dá as roupas, porque são muito marcantes e ele não pode usá-las muitas vezes. Certa época, chegou a ter um fichário de controle de roupas para a televisão, mas depois se cansou. Não bebe, adora sorvete e se diz O Rei do Milk-Shake. Não acredita em inspiração — "o negócio é o cara ter idéia" — e afirma que não faz música para crítico — "eles me vaiam e depois vão de ônibus para casa; quero ver o resultado é no fim do mês".

— Não me iludo com música. Sou um profissional e faço música para vender. Quem compra disco é gente do interior. O pessoal da Zona Sul importa dos Estados Unidos, Londres e Paris e estou pouco ligando para o que eles pensam. Faço música é para o pessoal dos subúrbios. Ando com uma tal sorte que tenho até medo de comprar bilhete de loteria. Com esse negócio de apertar botão, sabe quantos carros eu ganhei? Quatro. Vendi três e dei um de presente de Natal para o meu irmão.

Sua mania declarada:

— Ter um monte de namoradinhas, sabe? Acho bacana, gosto. Me divirto demais. Tenho 32 anos, mas como Pitigrilli disse que a idade dos homens sabe-se pelos vinhos que bebeu e as mulheres que amou, sou um centenário. E não conheço o gosto do vinho!

Imperial gosta de provérbios e versos chineses e persas. Não é por causa da onda atual de orientalismo.

— Tenho isso há muito tempo e acredito realmente nisso. Essa é a minha verdade. Há cinco anos fiz um verso que é exatamente a base do absolutismo: "Nem sei se existes/ mas sei que és minha/ nem sei de teu rosto/ mas sei que é lindo/ nem sei de teu gosto/ mas sei que sou eu/ nem sei se tu ias/ quando eu só vinha vindo/ sei que um dia virás ao meu encontro/ sei que os teus braços se abrirão aos meus/ sei que nossos olhos falarão de amor/ um amor eterno/ para sempre sem adeus."

"Namoradinha, hoje em dia, entre presentes, passeios, jantares e boates etc., custa uma média de quinhentos mil por mês. Como a verba destinada ao meu setor feminino é de três milhões, é fácil saber que eu tenho seis namoradinhas sérias. Acho que eu seria frustrado se não fosse o Carlos Imperial. Mas não sou narcisista. Me acho bacana, genial e boa-praça. Adoro conhecer gente e tenho muita coisa de bom dentro de mim pra dar, sabe?"

Sua paixão: o carro, encomenda especial.

— Ele é o símbolo de tudo aquilo que eu queria ser e realizar na vida. Fiz questão de comprar o carro mais caro que existe no Brasil: um Mercury Cougart. Um cara como eu, que começou lutando, que não quis viver à custa do pai, um dia pôde ter aquilo que queria! Então construí uma casa em Marataíses, comprei o carro mais caro que havia e acintosamente mandei que contassem a todos os meus inimigos que eu o havia comprado. Porque, se eles sentiam raiva e inveja de mim, que sentissem muito mais. Você tá vendo? Sou tão empolgado com esse negócio de vilão que nem dá mais. Essa é a verdadeira jogada do vilão.

Virgínia, uma das namoradas, e que ele chama de Neném, está ao seu lado.

— Essa bonequinha é meu mais recente amor imortal. Amor pra mim é muito mais simples do que todo mundo pensa. Posso dedicá-lo a dez mulheres por dia, mas em horários diferentes, entende? Eu amo intensamente, uma de manhã, outra de tarde e outra de noite. O que faço é apenas deslocar o amor de uma para outra e esse amor dura a eternidade de 24 horas. É uma questão de conquista. Brigou comigo, pego o amor daquela e dou para outra. A mulher que eu amo é sempre a que está do meu lado. Isso facilita, não há choque íntimo. Se sou gastador? Puxa, pelo amor de Deus! Vou à boate toda noite, almoço e janto fora todos os dias. Se eu fizesse o que eu quero, não ia trabalhar na televisão — viveria na minha casa emUrataíses tocando violão, compondo canções; não para ganhar dinheiro, mas porque estão dentro de mim. Sabe quantas músicas minhas vão ser lançadas agora? Quarenta e oito. Sambas, boleros, tangos, iê-iê-iê, tudo. Dessas 48, somente umas cinco são coisas que existem dentro de mim.

"Sou sensível demais, mas totalmente corrompido pelo poder monetário. O dinheiro sempre me comprou. As futilidades e os prazeres sempre cortaram os meus ideais. Sou daqueles que estão prontos para salvar o Brasil amanhã, se não fizer sol — porque senão vou pro Castelinho.

"Quando vou para a televisão, faço um negócio muito sério comigo mesmo. Faço intimamente uma espécie de diálogo, pedindo perdão pelas concessões comerciais que eu faço na minha vida. Pensando bem, desfilar no Municipal é um negócio horrível. Mas está uma onda, empresários oferecendo dinheiro aos montes. O jeito é botar uma flor na cabeça e pisar na passarela.

"Sou um cara alucinado por música. Além disso, adoro torcer pelo Botafogo e o Corinthians, bater papo com a turma da Miguel Lemos, em Copacabana — à qual tenho o orgulho de pertencer. Gosto de bater papo no Castelinho e meu maior prazer é ver o povo cantando minhas músicas. Antes eu gostava de ser reconhecido na rua. Agora já está enchendo um pouco. Acho muito importante irritar o público. Sou o único artista brasileiro que pode 'cartar' de ter sido vaiado de pé. Aplaudido de pé tem um monte e não representa nada."

Peço uma autocrítica. Faz-se uma grande pausa. Carlos Imperial medita.

— Taí, você agora! A minha autocrítica é tão maravilhosa que vocês iam ficar chocados. É verdade. No duro mesmo. Sou amigo dos meus amigos, adoro e faço questão de ter inimigos, quero sentir todas as sensações e emoções que a vida pode me oferecer.

Quero viver com intensidade. Já pensou o cara morrer e chegar lá no céu e perguntarem pra ele o que fizeste da vida que te dei? "Tenho a idade do mundo, tenho 1.968 anos. Procuro, em meus gestos e atitudes, usar de todas as experiências das pessoas já mortas. Carrego dentro de mim todas as desilusões, decepções, alegrias e predicados que aconteceram no mundo inteiro, desde que ele existe. Vivo um mês em um dia, um ano em um mês. Isso tudo me ajuda a viver. Quero chorar, sentir saudade, desprezar e ser desprezado, amar e ser amado. Quero sentir todas as sensações possíveis e imagináveis. Eu disse isso numa música e todo mundo riu. Eu disse: 'O meu coração é do tamanho de um trem.' Eles riram. São uns burros."

CIRURGIA PLÁSTICA NÃO É SORO DA JUVENTUDE, MAS RETARDA O INEVITÁVEL
ENTREVISTA DO DR. PEDRO VALENTE
Diners Magazine, janeiro de 1968

DR. PEDRO VALENTE, TRINTA ANOS, FORMADO PELA FACULDADE NACIONAL de Medicina da Universidade do Brasil, pós-graduado pela Universidade de Nova York, tem cursos feitos na Universidade de Londres com o dr. Mathews, no Hospital for Sick Children; com o dr. Aufricht, em Nova York; e na Universidade de Paris com o dr. Dufourmentel. Após os cursos, fez conferências em Nova York e tem trabalhos publicados em revistas internacionais e brasileiras sobre sua especialidade: a cirurgia plástica. O dr. Pedro Valente é considerado um dos mais jovens e capazes cirurgiões plásticos do mundo com clínica em atividade.

Para o dr. Pedro Valente, cirurgião plástico, "a imagem real do ser humano é fruto da relação de duas imagens: a interna, representada pelo caráter e o psiquismo, e a externa, que é a aparência física. Por isso, o aspecto externo da mulher e do homem representa uma das formas de afirmação perante si mesmo e seus semelhantes". Para aliviar certos complexos e recalques decorrentes da aparência física, a cirurgia plástica tem sido bastante desenvolvida nos últimos tempos, devido principalmente à grande procura não só quanto ao aspecto estético mas também quanto ao reconstrutor.

A cirurgia plástica reconstrutora nasceu há cerca de dois mil anos a.C., desenvolvendo-se entre os egípcios e os hindus em decorrência das mutilações de guerra e dos castigos morais impostos à população — ladrões *e mulheres tinham os narizes decepados. A cirurgia estética, de rejuvenescimento e embelezamento, foi criada por Joseph há cerca de noventa anos. É a mais jovem das especialidades cirúrgicas e só agora está atingindo o seu desenvolvimento total, principalmente depois das duas grandes guerras — quando na Inglaterra o desenvolvimento desse tipo de cirurgia codificou-a como especialidade.*

Atualmente difundida pelo mundo inteiro, a cirurgia plástica vem obtendo cada vez maior número de adeptos, que a encaram como uma coisa tão simples quanto uma ida ao cabeleireiro. A cirurgia plástica, tanto estética como reparadora, começa a entrar, junto com a psicanálise, em sua época de ouro — trazendo inclusive para alguns o restabelecimento da juventude e a reintegração social.

PRIMEIROS CUIDADOS

— Há crianças que nascem com defeitos físicos, como o lábio leporino, chamado em cirurgia plástica fissura labial, e a goela de lobo, fissura palatina — declara o dr. Pedro Valente. — Esses defeitos, congênitos, trazem problemas gravíssimos tanto para os pais como para a criança. Devem, portanto, ser corrigidos o mais rapidamente possível, muitas vezes nos primeiros meses de vida, dependendo do estado de saúde da criança.

"Essa intervenção é relativamente simples para um cirurgião plástico experimentado e reintegrará a criança na sociedade o mais rapidamente possível."

Outra operação comum nas crianças é a orelha de abano, que deve ser feita entre os sete e oito anos — nunca antes, porque até esta idade a orelha está se desenvolvendo para atingir seu tamanho definitivo. Recomenda-se, inclusive, que estas crianças não sejam levadas ao colégio antes de feita a operação.

— Estudos recentes feitos nos Estados Unidos revelaram que o apelido "orelha de burro" colocado pelos colegas interfere no aprendizado e na escolaridade da criança para o resto da vida.

Atingida a adolescência, várias operações são propostas, e a mais importante delas é a do nariz, que deve ser feita entre os 17 e os 18 anos — "porque antes a estrutura óssea do nariz continua crescendo. É exatamente nessa época que tanto a moça quanto o rapaz começam a ter problemas com o outro sexo, e uma aparência física pouco favorecida pode trazer problemas de afirmação, complexos e recalques".

Com a operação do nariz, há dois aspectos a considerar: o aspecto funcional (desvio do septo, que atrapalha a fonação e a respiração) e a parte estética ("planejar um novo nariz significa planejar uma nova face, uma nova estrutura, uma nova personalidade. Ele deve, portanto, se adaptar a todos esses elementos e ao indivíduo"). A operação de nariz é definitiva e, sendo bem-feita, só é necessária uma.

A FASE ADULTA

Outra operação em grande evidência e que pode ser feita tanto na adolescência quanto na fase adulta das mulheres é a cirurgia plástica do busto, devido tanto à hipo quanto à hipertrofia.

— Essa operação tem sempre muito sucesso e pode ser feita da forma mais artística possível, unindo-se o útil ao agradável — pois o busto muito grande, por exemplo, acarreta problemas não só estéticos mas funcionais, como a dificuldade de posição, defeito de coluna, dores nas costas, problemas respiratórios e até cardíacos, pelo peso do órgão — afirma o dr. Pedro Valente. — Havia a dúvida, até há pouco tempo, de que a plástica do busto pudesse estar relacionada com o câncer, mas isto é totalmente descabido e a cirurgia plástica pode, inclusive, considerar esta operação como um diagnóstico precoce do câncer, pois o cirurgião plástico, ao fazer as incisões, pode perceber algum nódulo que, retirado, elimine a possibilidade futura de degenerescência.

A cirurgia plástica do abdome pode ser feita em qualquer idade.

— Geralmente a pessoa jovem, de qualquer sexo, não tem problema de abdome a não ser em casos de distúrbios glandulares muito sérios. Geralmente as mulheres começam a ter problemas de abdome após a gravidez, quando ela não é bem orientada. Quando o motivo da operação é a obesidade extrema, o paciente deve fazer um regime de emagrecimento prévio de modo que a operação possa retirar a pele que sobra. Convém lembrar também que na operação de abdome não se faz unicamente a parte externa da pele, mas a plicatura da aponevrose, que consiste em costurar uma espécie de lâmina que recobre os músculos abdominais e que pode afrouxar-se.

REJUVENESCIMENTO

Segundo o dr. Pedro Valente, a função da cirurgia plástica é dar felicidade ao indivíduo.

— Muitas vezes nós, cirurgiões plásticos, ficamos achando que um resultado deixou a desejar tecnicamente, mas o paciente fica tão feliz com o resultado que essa felicidade funciona com a aspiração real da cirurgia. Uma vez me perguntaram qual era o maior cirurgião plástico do Brasil e eu respondi que o maior cirurgião do mundo era aquele que deixa o seu paciente realizado e feliz com sua operação. A satisfação do paciente é realmente a coisa mais importante.

Ainda de acordo com o dr. Pedro Valente, "a mulher, quando atinge a quarta década da vida — os quarenta anos —, geralmente traz no rosto a marca indelével dos anos vividos". É aí que surge a necessidade da primeira plástica de rejuvenescimento facial.

— Um trabalho publicado recentemente nos Estados Unidos revelou que a mulher deveria fazer três plásticas de rejuvenescimento facial: a primeira em torno da quarta década, a segunda em torno da quinta e a terceira em torno da sexta década. Com isso ela passaria os últimos trinta ou quarenta anos de vida social ativa com uma face compatível com o seu porte, a sua inteligência, o seu espírito e sua comunicação com o meio exterior.

Neste tipo de operação, é feita a correção da face, do pescoço e das pálpebras — que podem ter dois problemas: pés-de-galinha ou bolsas palpebrais por excesso de gordura. Hoje em dia, 20% a 30% das operações plásticas de rejuvenescimento facial são feitas em homens.

— Existe muita gente que acredita que depois da operação as rugas voltam. Evidentemente, a cirurgia plástica não é soro da juventude, mas, quando feita convenientemente, retarda o processo de envelhecimento. A duração da plástica depende do tipo de vida que a mulher leva, da conservação e dos cuidados dela em relação à sua pele. Nós vivemos num clima tropical em que a exposição excessiva ao sol é péssima porque, ressecando a pele, provoca o enrugamento. Há três elementos precipitadores de rugas — a perda de água do tecido, a diminuição do esqueleto e a diminuição da elasticidade — que agem em comum acordo com a gravidade.

Atualmente está sendo pesquisada em laboratórios a "bioquímica da velhice", ou seja, a descoberta das substâncias que levam à velhice para que, no dia em que se tiver o controle total dessas substâncias, a vida possa ser prolongada por mais trinta ou quarenta anos. Neste mundo em que a média de vida do homem tende a aumentar, a cirurgia plástica de rejuvenescimento será sempre mais importante.

O *PASQUIM* OU DA MAIORIA,
UM REFLEXO VÁLIDO, LÚCIDO E INSERIDO NO CONTEXTO

Revista de Cultura Vozes, março de 1970

DE REPENTE, SURGIU O PASQUIM. NO PRINCÍPIO, UM POUCO DE PÉ ATRÁS. Mas aos poucos o sucesso, o aumento brutal de tiragem e, em janeiro, 225 mil exemplares. Há quem diga que o Pasquim criou um novo estilo em jornalismo. E não apenas isso. Por trás dessa enorme repercussão, haveria uma filosofia, uma diretriz, que encantou a todos, de Manaus a Porto Alegre. E isso quer dizer que os leitores aprovaram, e aprovando, provaram a identificação. Portanto, de vez que a idade média dos leitores do Pasquim varia entre os 18 e os 30 anos, alguma coisa está acontecendo. A juventude está se encontrando nas páginas do Pasquim.

— E o que é que pensa o Pasquim?

Luiz Carlos Maciel: Eu acho que o *Pasquim* não tem nenhuma filosofia definida porque ele não foi feito com nenhuma intenção editorial preestabelecida. Então, nesse sentido, o *Pasquim* é uma soma de individualidades, e cada individualidade tem a sua própria visão das coisas. Esse negócio se manifestou logo no começo, porque o *Pasquim* não sabia o que ia ser como jornal — e ele foi alguma coisa como resultado do que as pessoas começaram a fazer. Quando a gente estava procurando gente de São Paulo que escrevesse pra cá, os jornalistas de lá escreveram dizendo: "estamos perdidos, queremos informações sobre a linha do jornal, a linha editorial etc., para fazer a linguagem adequada ao jornal." Quer dizer, se você vai escrever para a *Realidade*, você vai fazer de um jeito, se vai escrever para o *Globo*, vai fazer de outro. Então eles queriam saber esse negócio lá de São Paulo e a gente não tinha nada pra dizer, porque a gente não tinha preestabelecido nada. Publica-se o que as individualidades, o que a subjetividade das pessoas que compõem o *Pasquim* acharem melhor, mais bacana. Então, desde o começo, o *Pasquim* foi muito aberto em matéria de linha. Não tem nada de definitivo. A visão das coisas do *Pasquim* é uma visão que decorre da soma de visões individuais e, se dá ao leitor a sensação de que há uma certa linha, de que há uma certa unidade, isso decorre da relativa identificação de visão do mundo das pessoas que fazem o *Pasquim* e que se ligaram mais por isso que por qualquer outra coisa. Agora, se há alguma coisa de filosofia que é responsável por algum sucesso ou charme do *Pasquim* é exatamente essa valorização individual e essa descontração de não ter filosofia alguma. Nesse sentido, o *Pasquim* é um órgão de imprensa completamente anticonvencional. Porque a convenção é sempre o órgão de imprensa ter um dono. Então, se você quer saber o que o *Pasquim* pensa sobre a Igreja Católica, por exemplo, você terá que ler o que o Paulo Francis escreve no *Pasquim* sobre ela, o que o Tarso de Castro escreve, as charges que o Jaguar faz, e da soma disso é que pode aparecer a opinião do *Pasquim* em relação a ela. Que, fora dessa, preestabelecida não tem nenhuma.

Christina Autran: *O que é que vocês pretendem com o humor?*

Tarso de Castro: No Brasil, o humorista é um marginal. Na verdade, o caricaturista sempre foi um marginal no Brasil. Em qualquer país civilizado — que está longe de ser o caso do Brasil —, uma charge pode abalar um governo, como acontece nos Estados Unidos, na França, na Inglaterra.

Jaguar: Mas não é essa a nossa intenção. No momento, eu estou concentrando todos os meus esforços contra o Topo Gigio.

Sérgio Cabral: A propósito da charge que abala o governo, tem um exemplo no Brasil que é histórico. Um chargista de São Paulo fez a Nossa Senhora Aparecida com a cara do Pelé. Isso foi utilizado para reunir pessoas para a marcha da família. E essas pessoas praticamente acabaram com o jornal; houve um boicote que baixou a venda de 250 mil para 90 mil exemplares.

Jaguar: A charge já chegou mesmo a abalar governo na época do Hermes da Fonseca, por exemplo. Depois veio o negócio da fotografia e a charge perdeu bastante, mesmo porque ela é muito mal usada hoje em dia. Os jornais usam a charge num cantinho escondido. Eles não acreditam muito, eles acham que têm que ter, mas ao mesmo tempo achando que não funciona. Então fica aquele negócio que não é uma coisa nem outra. Se você faz uma charge de dez centímetros num jornal, ela pode ser da maior violência que não há governo que caia com ela.

Tarso: Nós somos contra tudo aquilo que a gente pode ser contra.

Maciel: Existe entre nós uma certa identificação de ordem existencial. Nós temos o mesmo senso moral, vamos dizer. A nossa ética em face da vida é mais ou menos a mesma, e nós somos amigos por causa disso. Eu não posso ser amigo de uma pessoa que tem uma escala de valores diferente da minha. Tem que estar na minha. Nós não queremos saber do Flávio Cavalcanti, vamos entrevistar o Chacrinha. Não queremos saber do Gustavo Corção, vamos entrevistar o Alceu Amoroso Lima. E assim por diante. E nunca houve uma sombra de dúvida de que pudesse ser diferente.

Tarso: Inclusive, há uma concordância assustadora aqui dentro. Agora, essa história de querer achar a filosofia do *Pasquim* não cola, porque ela é a filosofia da maioria.

Maciel: O *Pasquim* de vez em quando diz certas coisas que não são descobertas. São coisas que todo mundo fala, todo mundo sente e todo mundo diz. Só que nenhum órgão de imprensa diz em virtude de seus compromissos. Então o leitor de repente pega um negócio que ele sempre achou, sempre falou e sabe que todo mundo acha e vê escrito no *Pasquim*. Este é um dos segredos simples: a constatação do óbvio. Além da questão da linguagem. Os caras dos jornais criam mil teorias sobre como se deve escrever um texto. No *Pasquim* você escreve como você acha que deve, aí se identifica com a maneira como as pessoas falam e conversam e ouvem as coisas.

Jaguar: É como se a gente sentasse no bar com uma pessoa e batesse papo. Pelas cartas você vê que o leitor está levando o maior papo conosco. Tranqüilamente.

Sérgio: Aliás, a propósito desse problema de comunicação, nós fomos fazendo a coisa, ela agradou, acertou, mas não houve a intenção de fazer aquela técnica, aquela coisa que está teorizada.

Tarso: Uma coisa engraçada é que o jornal deu certo e tem gente querendo corrigir o jornal. Os técnicos em redação não concordam com o *Pasquim*. Essa gente luta conosco, tentando melhorar o jornal, mas no sentido errado: quer dizer, fazendo-o mais convencional.

Jaguar: É mais ou menos como aquela história, uma piada que eu li que diz assim: o besouro, pelas leis da aerodinâmica, não pode voar. É impossível tecnicamente. Mas como ele desconhece isso, ele voa. É o caso do *Pasquim*. A gente faz o negócio, a coisa funciona. É mais ou menos como o Macunaíma, um jornal sem nenhum caráter.

Sérgio: Até agora não havia sido dada aos jornalistas a oportunidade de fazer aquilo que eles sabem, porque o jornal geralmente tem um dono e então segue a orientação desse dono, segue a sua tradição. E ninguém tem coragem de mudar isso porque estaria lutando contra uma empresa, uma estrutura fortíssima, que não vai mudar. No caso do *Pasquim*, eu creio que este é um dos fatores de êxito. É que ele refletiu o que alguns empregados de jornal pensavam de jornal. Porque quem sabe mais de jornal é o empregado, não é o dono, porque o dono é um empresário, o empregado é o jornalista. O *Pasquim* foi a primeira oportunidade que os jornalistas tiveram de fazer um jornal. Evidentemente que com certa base empresarial, com algum dinheiro.

Tarso: Inclusive acabou com esse negócio de dizer que jornalista é irresponsável, que ele não sabe conduzir o negócio. Tanto sabe que nós temos hoje o jornal de maior circulação do Brasil.

Sérgio: Agora, outra coisa. Hoje qualquer jornal escreve "bicha". Só quem tinha coragem de falar "bicha" eram duzentas mil pessoas no Maracanã, mas em jornal ninguém escrevia porque era palavrão. Escrevia B pontinhos. Hoje, "bicha" é um negócio prático.

Tarso: Quer dizer, essa linguagem que o *Pasquim* fala é a linguagem que você fala todo dia. Mas acontece que os jornais no Brasil são muito velhos. E o *Pasquim* não teria sucesso se os jornais não fossem tão velhos.

Christina: *Em que vocês acham que essa juventude do* Pasquim *pode influenciar os outros jornais?*

Tarso: Não é a juventude que vai influenciar, é a vendagem.

Sérgio: O *Pasquim* fez sucesso também porque reflete a juventude.

Tarso: É o seguinte: podia ser que os caras não topassem aceitar a linguagem do *Pasquim*. Agora, eles serão obrigados a aceitar à medida que isso se tornar um sucesso de fato.

Jaguar: É que os jornais têm muita coisa em volta deles, uma estrutura tremenda, e eles não podem se arriscar a escrever "bicha" e sabe lá o que acontece. Agora nós tínhamos uma grande vantagem a nosso favor: não tínhamos nada a perder. Nós éramos um jornal que começou do nada e chegou à miséria. O serviço que nós estamos prestando é que estamos servindo de boi de piranha, porque nós estamos fazendo as coisas que alguém talvez estivesse com vontade de fazer mas que não podia arriscar um patrimônio enorme, mil coisas que estão envolvidas. Por esse lado, nós estamos servindo de cobaia. É uma coisa boa para nós, mas também é boa para dar uma abertura na linguagem. Mas, se acontecer alguma coisa com o *Pasquim*, a gente sai tranqüilamente e vai tomar um chope na esquina. Partimos pra outro esquema.

Sérgio: O papo do *Pasquim*, o que acontece é que ele fala com as palavras que as pessoas falam e coloca os problemas que as pessoas colocam. O *Pasquim* não tem linguagem do editorial do *Globo*, evidentemente. O *Globo* não tem nada a ver com a juventude. Você acha que um jovem de 18 anos lê a sério o editorial do *Globo*? Não lê, não pode ler, não dá pé. Mas lê o *Pasquim*.

Tarso: Esse negócio de novos rumos, eu acho que o *Pasquim* contribuiu muito pra isso, não por ser feito pela gente, qualquer jornal faria isso, como foi feito nos Estados Unidos. Se você pega um *Time* hoje, ele tem uma brincadeira em cada página, uma brincadeira de alto bom gosto. Porque ele foi influenciado pela *free press*. Você vê o seguinte: um dos países que menos vende jornal no mundo é o Brasil. Qualquer jornal do Uruguai, da Argentina, vende quatrocentos mil exemplares. No Brasil, quando um jornal chega a sessenta, setenta mil, se torna o maior jornal do país. Então, se surge um jornalzinho, que é o *Pasquim*, que vende 225 mil exemplares, correndo por fora, ou você presta atenção a esse fenômeno ou você é débil mental. O humor venceu, ele que foi sempre marginal nesse país, e que está deixando de ser. Na França, por exemplo, o Siné com algumas charges abalava o governo de De Gaulle. Nos Estados Unidos existem chargistas que abalam o governo, quer dizer, uma charge bem-feita abala um governo. Só que aqui tem essa mania: o que vale é o editorial. Não vale, ninguém lê o editorial.

Christina: *O que mais, fora do jornalismo, abalaria um governo?*

Sérgio: Uma passeata de duzentas mil pessoas.

Tarso: A moratória, por exemplo, abala um governo, porque une. Outro dia eu estava lendo no *Times* uma entrevista de uma moça, mulher do vice-presidente do Banco de Nova York, dizendo por que que ela tinha entrado numa passeata, a posição dela. Um dia ela chegou pro marido e disse: "Olha, querido, amanhã eu vou na passeata contra a guerra", e ele disse: "Foi bom você dizer isso, porque eu também vou." Esse processo da participação popular vai ser cada vez maior, então você vai conseguir só com um meio de comunicação forte. A televisão é um negócio que funciona, dois, três milhões de pessoas te olhando. Já um jornal é lido por quantas pessoas? Cem mil, no máximo. Então o jornalista é um negócio marginal no país.

Christina: *E vocês, com isso, querem desmarginalizar?*

Tarso: Um jornal pode deixar de ser marginal desde que fale a linguagem do povo. O Chacrinha fala a linguagem do povo. Terezinha, Tereza, aquelas loucuras todas dele, tanto você entende como a minha empregada entende.

Sérgio: Tem um aspecto — o que um jornalista tava falando é que hoje, quando os jornais falam em política, ninguém presta atenção, porque política não interessa, não comunica. Então, o que se fala são coisas que não interessam numa linguagem que não interessa. Você tem que falar coisas que interessam. Eu tenho muito medo desse negócio de você falar o que o jovem quer, aquele negócio todo, e acaba não dizendo nada, isso pode conduzir a um negócio horrível. Porque imprensa é um negócio de formação. Então, se você ficar na deles, se você for falar as coisas que eles querem na linguagem que eles querem, só isso, você pode conduzir essa juventude até pro fascismo. Porque a juventude que lê o *Pasquim*, por exemplo, que é uma juventude de classe média, pode sair do *Pasquim* desde que você deixe de dar a ela coisas que realmente a interessem. Quer dizer então que você, ao mesmo tempo que fala a linguagem dela, tem que falar pra ela que lá em My Lai está acontecendo isso, que no Nordeste está acontecendo aquilo.

Tarso: Porque normalmente não há um mínimo de diálogo entre o leitor e o jornal. No caso do *Pasquim*, um fenômeno é a seção de cartas dos leitores, que ocupa duas páginas e mesmo assim não dá pra tudo. É o leitor que está falando com o jornal. Está opinando. Eu recebo cartas dizendo que sou reacionário, outras dizem que sou um imbecil. Quer dizer, o leitor está opinando e vê que o jornal publica o que ele opina.

Christina: Através das cartas que vocês recebem, dá pra dizer o que pensa a juventude, de modo geral?

Sérgio: Em termos de modo geral, é impressionante. A maioria é pra frente. Tem leitor que esculhamba o Fradinho porque acha o Fradinho muito devagar.

Tarso: Esse negócio do Fradinho é impressionante. Em primeiro lugar, 70% dos nossos leitores têm na maioria entre 18 e 30 anos. Esse cara, em grande parte, é um sujeito perdido porque tá querendo brigar com o mundo e não sabe pra onde. Em grande parte a culpa é da falta de cultura do país, porque não deu base ao estudante brasileiro pra ele saber das coisas. Quer dizer, a minoria que sabe se mete numa luta muito mais radical que se houvesse uma média de cultura. Se, entre mil, setecentos soubessem o que está acontecendo no mundo, não existiria talvez a violência de um radicalismo em certas áreas. Então essa falta de base produz uma conscientização natural, instintiva, quer dizer, o cara está contra alguma coisa. Os Fradinhos, que é o caso que o Sérgio citou, são dois padres, um esculhambando com o mundo, rompendo com tudo que está estabelecido aí. Então esse cara se fixou nesse Fradinho que esculhamba com tudo. Cada vez mais ele quer que o Fradinho radicalize, a tal ponto que o Henfil teve que fugir do esquema: ele matou o baixinho e vai deixar um mês ou dois fora pra ver qual é o pensamento quadrado e formal do comprido, até o baixinho poder começar de novo por baixo. Porque a violência que ele tinha que exibir nesse momento é um negócio que nenhum jornal poderia publicar.

Sérgio: Ele não agüentava mais. Cada semana ele tinha que entrar com uma coisa pior. Acabou até matando a mãe de câncer.

Tarso: Eles pediam pra matar a mãe, matar o pai, tavam pedindo tudo isso nas cartas. Isso é a revolta da meninada aí. Querem criar caso. Quanto mais você esculhambar com o que está estabelecido aí, mais você atinge o público. Porque há uma revolta. Esse país tem mil problemas, é um país sacrificado, doente, com uma miséria enorme, e então o cara — para não se dirigir objetivamente contra isso — se dirige contra certos pontos. Numa democracia plena, direta, ele teria outra solução.

PARTE 2
MULHERES

Não sei bem por quê, mas nesse período fiz muito menos entrevistas com mulheres do que com homens. Pergunto-me se seria porque naqueles idos havia muito menos mulheres brasileiras trabalhando do que há hoje. Não havia mulheres na política, por exemplo. A maioria delas se destacava na área cultural e praticamente todas as que figuram nesta seleção têm alguma relação com o palco e a tela, seja a telona ou a telinha: ou são atrizes, ou bailarinas, ou "a coisa mais linda, mais cheia de graça", ou são escritoras que tiveram seu trabalho encenado no teatro, no cinema ou na televisão.

A exceção é a Sílvia Amélia, então Marcondes Ferraz, que se destacava por sua beleza, elegância e naturalidade, sem falar na grande simpatia. Tenho especial ternura por esta entrevista, pois a pequena Maria Pia, que é mencionada no texto, eu reencontrei já adulta morando em Brasília e acabou por tornar-se minha grande amiga. E tem todos os predicados da mãe.

A outra entrevistada com quem acabei por conviver foi Dinah Silveira de Queiroz, pois casou-se com um diplomata, como eu. Seu marido, embaixador, veio a ser muitas vezes chefe do meu, inclusive quando servimos na embaixada em Lisboa. Em Dinah, me impressionavam a disciplina de trabalho e o talento para falar, pois, sempre que o embaixador se levantava para fazer algum brinde, ela fazia questão de dizer também algumas palavras, fato ainda hoje inédito entre as embaixatrizes.

Clarice Lispector foi também casada com um diplomata. No jornal me haviam prevenido de que era difícil de entrevistar e por isso muni-me de muitas perguntas, caso a conversa não fosse adiante. Chego à casa de Clarice, logo falta luz e fazemos a entrevista no escuro. Para ficar mais perto dela e da vela, sento-me no chão a seu lado. Depois mostrou-me a casa, apresentou-me os filhos. Era lacônica em suas respostas e muitas vezes minhas perguntas eram mais extensas que elas.

Fiz o texto, foi publicado, e tempos depois levo um susto ao abrir as páginas do Caderno B e ler, na coluna semanal que Clarice publicava ali, um texto seu que intitulou "A entrevista alegre", reproduzido depois em seu livro póstumo *A descoberta do mundo*. Falava sobre a nossa entrevista e fui ficando encabulada, pois dei-me conta de que aqueles instantes que passamos juntas tiveram para ela um significado que eu não soubera captar. Senti-me arrasada por ter sido tão pouco perceptiva e não ter sabido compartilhar com ela a emoção de que fora tomada. O texto claramente havia sido escrito de enfiada, em seguida ao nosso encontro. No parágrafo final, a decepção mútua: depois de haver lido o meu texto, ela dava a entender, nas suas entrelinhas, que ele não fazia jus à sua sensibilidade. Tinha toda a razão.

Fiquei tão chocada com o que Clarice escrevera que passei anos sem conseguir ler novamente nem a nossa entrevista nem essa coluna dela. Quando finalmente o fiz, dei-me conta da sua enorme generosidade que eu, ferida, fora outra vez incapaz de perceber. Agora era tarde demais para me desculpar. É este um dos meus maiores arrependimentos.

A entrevista com Vilma Guimarães Rosa foi-me encomendada pouco depois de publicado o texto que fizera sobre seu pai, o grande Guimarães Rosa. Teve a gentileza de mandar-me um convite para o lançamento de seu livro e nele escreveu: "Sua reportagem foi linda, fiquei muito comovida. Papai também, encantado." Sinal de que ele havia aprovado a minha não-entrevista.

Tive a sorte de entrevistar três grandes atrizes brasileiras. Através das respostas de Fernanda Montenegro, tem-se uma idéia de como pensavam então as mulheres inteligentes, seguras, modernas e lúcidas. Uma mulher, diríamos então, "pra frente". Cacilda Becker, em 1968, comemorava seus 25 anos de palco, questionando o sucesso prematuro de jovens atores, ainda sem "escola", nas novelas da televisão. Para Bibi Ferreira, representar no teatro lhe parecia mais fácil que fazê-lo na vida. Como recurso para enfrentar os improvisos do cotidiano, inventou outras duas personalidades, que saca à luz do dia segundo a conveniência. Em seu bilhete de agradecimento pela entrevista, as três personalidades se manifestam.

Ítala Nandi, gaúcha filha de imigrantes italianos, tem deles o espírito combativo e desbravador. Aparecia então nua no palco encenando a peça *Na selva das cidades*, o que deu muito o que falar. Mas, para ela, era como se estivesse vestida.

Norma Bengell, que foi de tudo um pouco — vedete, atriz de teatro e de cinema, cantora — é captada em pleno vôo: alguns instantes da noite em que fazia trinta anos, numa altura em que se qualificava de balzaquiana uma mulher daquela idade.

Uma coisa que reparo relendo estes textos é que éramos politicamente incorretos com a maior tranqüilidade. A começar pelo próprio título deste livro, por isso mesmo escolhido, e que se baseia numa célebre frase de Nelson Rodrigues, impensável nos dias de hoje — como justificar que a mulher gosta de apanhar? Hoje, bater em mulher é crime com direito a prisão. Igualmente incorreto é chamar de "crioulinha" a empregada de Clarice Lispector, o que fiz no texto e do que só agora me dei conta. Que horror!

Para Glória Magadan, a cubana autora das primeiras novelas de sucesso da TV Globo, a realidade sai sempre perdendo na competição com a fantasia e o sonho, daí os homens ideais de seus enredos, simbolizando o príncipe encantado com que sonharia toda mulher. Entre masmorras e calabouços, nasciam intrigas, humor, suspense e paixões entre xeques, imperadores e cortesãos, sentimentos que eram calibrados diariamente segundo pesquisa que ela própria fazia visitando pessoalmente as donas-de-casa, suas telespectadoras.

A verdadeira Garota de Ipanema foi ver o filme baseado na música de Tom e Vinicius e deu-se conta de que a personagem principal não tinha nada a ver com ela, que se dizia uma garota normal: praia, estudo, namorinho firme. Havia se casado pouco antes, esperava um bebê e ainda se chamava Heloísa Eneida. De lá para cá, virou Helô Pinheiro, assumiu o papel de musa, hoje é ex-modelo e acaba de perder na Justiça do Rio ação por danos morais que moveu contra as famílias dos compositores, que teriam reclamado do uso da marca "Garota de Ipanema".

A entrevista com Márcia Haydée é mais recente que as demais. Vivendo na Europa desde os 14 anos de idade, esta bailarina extraordinária teve uma experiência de vida bem diferente da maioria de suas conterrâneas brasileiras. Vivendo com seu *partner* Richard Cragun desde os 24 anos, declara ser contra o casamento e não ter paciência para filhos. Sua casa, diz, é o teatro, onde quer que ele esteja.

Duas reportagens questionam o comportamento esperado de uma mulher. No Brasil de então não havia o divórcio. As pessoas se desquitavam, ou seja, se separavam mas continuavam legalmente casadas. Um parecer do consultor-geral da República publicado no Diário Oficial abre o debate sobre a honestidade da desquitada: para o padre Leme Lopes, desquitada honesta era a que fazia voto de castidade depois do desquite; segundo a lei, era a que não se unisse a homem algum e cuidasse apenas da educação dos filhos; para muitos, era a que procurava sua satisfação emocional, mesmo que isso implicasse nova união; para o deputado divorcista Nelson Carneiro, a mulher desquitada que não se casasse novamente não era honesta — era boba.

Em 1972 é lançada a versão inglesa da revista *Cosmopolitan*, tendo como público-alvo a nova mulher: sensual, ambiciosa, alegre, que gosta de parecer maravilhosa, de estar no lugar certo na hora exata, de aproveitar cada ocasião e de saber tirar partido dos homens — seja na hora de arranjá-los, seja na de mandá-los embora. Uma revolução no mercado editorial feminino, que ainda fazia revistas para a mulher dona-de-casa, mãe de filhos. O resultado?

Cosmopolitan praticamente esgotou a edição no mesmo dia do lançamento! De lá para cá, o mundo mudou com a velocidade da luz, assim como nossa percepção dele. Embora sob nova óptica, seguimos compartilhando alegrias e tristezas, e o destino de seus habitantes continua a nos inquietar. Que assim seja!

FERNANDA MONTENEGRO: MULHER DO PRINCÍPIO AO FIM
Livro de cabeceira da mulher, volume 3, 1967

Dizendo trechos de Shakespeare ou de James Joyce, descrevendo o que é ser "gagá", cantando música de protesto em ritmo de iê-iê-iê ou recitando um poema de James Thurber, Fernanda Montenegro é aquela figura appealing, que toma a cena, que faz você não desgrudar os olhos de cima dela. Baixa, magra, ruiva, com uma malha preta e um tubinho gelo, ela está no palco representando O homem do princípio ao fim. Depois do espetáculo, com uma calça preta por cima da malha e uma camisa de listras, Fernanda conta:

— Nasci em 1930, na Guanabara. Sou de família pobre, camponeses portugueses e pastores italianos. O meu lado italiano veio como imigrante, em condições desesperadas. Há uma célebre história na família de que o navio em que estavam ficou parado três dias em alto-mar, sem saber se ia, se vinha ou se afundava por si mesmo. Conseguiu chegar. Na volta, esse mesmo navio afundou lindamente dentro do Atlântico. Os velhos da família sempre contavam isso morrendo de rir.

"Não tenho curso superior, trabalho desde que me entendo. Faço teatro profissional diariamente, vivendo dele desde 1953. Em 1959 fundei, com alguns colegas, uma companhia própria. Tenho recebido muitos prêmios de teatro, televisão e agora cinema. Possivelmente a nossa próxima realização será com o Grupo Opinião, no Teatro de Arena, e a peça talvez seja *Santa Joana dos Matadouros*, de Brecht."

Fernanda explica que não quis dar às suas respostas um tom muito formal, "típico na gente de teatro, que fala tudo cheio de azulejões, máximas, tudo num certo tom sublime".

— *Como você se vê em relação ao mundo de hoje?*

— Eu me vejo pequena, miúda, com um espanto de adolescência. Vendo o materialismo se transformar em novo Deus e o velho Deus cada vez mais materialista. Descobrindo cada dia o paradoxo de cada problema. Percebo que os heróis dramáticos de hoje não são mais nem os deuses, nem os reis, nem os burgueses, nem os operários. São os cientistas e os espiões. Vejo abismada que os velhos, em todos os regimes, continuam dando as cartas, achando sempre que a juventude é incapaz, infeliz e viciada.

— *Você se acha uma mulher evoluída?*

— Eu acho que é cretino responder: Sim, sou uma mulher evoluída. Acho que procuro ver com independência as coisas que me cercam.

— *Como é que você se descreveria?*

— Alta, magra e de cabeça grande. E isso com todas as implicações que têm a altura, a magreza e a cabeça grande.

— *O que é ser* in?

— É não ser *out*.

— *Você se considera uma mulher elegante?*

— Para uso doméstico, acho que não. Na profissão, como atriz, em matéria de moda e de comportamento, eu vou de acordo com as necessidades do papel.

— *A mulher é mais inteligente que o homem?*

— A mulher é mais instintiva e mais lúdica do que o homem na sua inteligência. Mas isso não lhe garante nenhuma superioridade nessa matéria.

— *Você é inteligente?*

— Eu me considero espertinha.

De formação católica, Fernanda não acha importante a virgindade.

— Acho que ela tende a desaparecer, se Deus quiser. Já foram cometidos muitos crimes em torno da virgindade, desde as virgens que iam lá pro Minotauro até a famosa mostra do lençol nupcial no dia seguinte ao casamento, no sul da Europa. Isso caminha para ser resolvido num século próximo.

— *Uma mulher decente pode gostar de sexo?*

— A mulher decente é a que não só gosta de sexo como também a que respeita o sexo.

— *Você justifica a infidelidade em alguns casos?*

— Em nenhum caso. Há os que fazem pactos de infidelidade, ou coisa parecida. Mas é aí justamente que a infidelidade deixa de existir por si mesma: já estava tudo combinado, não vale.

Fernanda brinca com as pinturas e pincéis e cremes que estão em cima de sua mesa. É uma mulher bastante segura.

— *O divórcio ajuda ou atrapalha?*

— Só ajuda.

— *A mulher que não se casa pode ser feliz?*

— A mulher que não encontra o seu homem não pode ser feliz.

— *A mulher, mesmo que não precise, deve trabalhar?*

— Claro que deve. E é possível, perfeitamente, conciliar trabalho e vida doméstica.

Logo que viu o gravador, no começo da entrevista, Fernanda pensou que fosse máquina de retrato e pediu pra esperar um pouquinho enquanto ela passava uma escova no cabelo. Usa-o cortado à la Beatles.

— *Que tal se o Brasil fosse governado por mulheres? Você seria uma boa presidente da República?*

— Historicamente, a mulher se saiu sempre muito bem à frente de um governo. Acho que, para o Brasil, talvez fosse uma solução. Eu seria apenas um voto.

— *Você é de esquerda?*

— Acho as nossas esquerdas um amontoado de incapazes, embora simpáticos e vibrantes, que resolvem os problemas do Brasil em termos de sala de estar e uísque. A nossa direita é uma palhaçada de velhos. No nosso país, um rumo vale o outro. Agora, se quer saber em que é que eu creio: creio na justiça social, sim. Sou contra o terror cultural e pela total liberdade de opinião e de movimento, sim.

— *Nós vivemos numa democracia?*

— Não, claro. Mas com exceção, talvez, dos países nórdicos, quem vive? Aquela visão helênica de democracia ficou perdida em algum século aí, e ninguém percebeu. Então começaram a criar umas democraciazinhas para todos os gostos. Tem democracia até em castas: a monarquia democrática, por exemplo. Tem também a democracia popular. Já se pressente no ar até uma democracia impopular. Temos também a democracia ocidental e a democracia oriental. Temos os donos da dita senhora. O americano, por exemplo, jura que é o pai dela. Temos a democracia socialista também, e a democracia soviética, a cubana, a paraguaia, a javanesa etc. Em todo o mundo, diariamente, os líderes de todas as correntes políticas falam em nome dela, dessa ré misteriosa. Quer dizer, não pode haver nada mais desmoralizado.

— *Você se acha conscientizada e politizada?*

— Eu me acho conscientizada mas não politizada.

— *Esse negócio de Guerra Fria leva a alguma coisa?*

— Leva. Todos ganham tempo.

— *A música de protesto pode levar a alguma mudança na atitude dos que governam o mundo?*

— Se a música, ou melhor, as artes pudessem trazer mudanças no plano político, o mundo estava salvo. Eu não creio na mudança pela música, mas creio no protesto.

— *O que você acha de uma cultura popular? É possível no Brasil?*

— Cultura popular é uma bobagem. Porque se a gente começa com esse negócio de cultura popular, dentro em breve teremos a cultura impopular, a cultura azul, a cultura larga, a cultura chata, e por aí em diante. Pra mim existe a cultura. E é claro que é possível no Brasil.

— E o teatro brasileiro, como está?
— Mal, está muito mal. Mas não espalha, que é pra não criar clima negativo.

Fernanda ri com sua resposta. Sobre a comparação do teatro brasileiro com o do resto do mundo:

— Nunca viajei para ter uma idéia clara do teatro lá. Os de lá que conseguem chegar até aqui, eu os acho péssimos, bons, ótimos e maravilhosos, como nós aqui, às vezes, conseguimos ser: péssimos, bons, ótimos e maravilhosos. Lá, como aqui, dizem que o teatro está morrendo. Portanto, estamos empatados. No plano cultural é que sofremos o cão. A diferença mesmo é o nosso subdesenvolvimento. O que é que a gente vai fazer?
— Você defende o teatro engajado?
— Claro. Eu acho, inclusive, que todo teatro é engajado de uma certa forma.
— Ser artista no Brasil dá futuro?
— Não, dá passado.

Muito calma e muito tranqüila, Fernanda ri novamente.

— Você gostaria de fazer cinema?
— Sim. Fiz *A falecida* e infelizmente não fiz o último filme do Glauber, *Terra em transe*, mas temos um pacto para o futuro.
— O ator, no cinema, é mais limitado pelo diretor que no teatro?
— Não se trata de limitação, mas de expressão mesmo. É uma forma de expressão diferente, é um problema de ter que respeitar determinadas normas, que estão com o diretor.
— Você se sente melhor no cinema ou no teatro?
— No teatro. No cinema a gente tem a impressão de que não está fazendo nada. A experiência que eu tive foi a da grande ligação com a equipe, com o diretor e com a história do Nelson [Rodrigues], por exemplo. Mas a gente filma tão pouquinho cada dia, a coisa se estende durante tantos meses, que é preciso ter uma grande segurança interior sobre uma personagem para dar conta dela assim, durante tanto tempo.

— O público faz falta?
— Não. Eu acho que o cinema é representar pra uma lente. No teatro, não, você comanda o seu trabalho. Se você hoje está ruim, você pode melhorar amanhã, como às vezes você pode também piorar, compreende? E você tem uma comunicação direta, é uma sensação maravilhosa. O filme, não.
— Esse negócio que você disse, de que a longo prazo perde o contato com a personagem, não é também falta de público?
— Não, porque se você já não pegou a intenção da sua personagem, se você já não a amadureceu bem, é difícil conduzir um caráter, por exemplo, durante tanto tempo e tão partido, tendo a sua expressão sempre tão diluída pelo pouco que você representa cada dia, compreende? É um trabalho diariamente renovado, é uma coisa de grande paciência.
— Você tem então que se encarnar na personagem?
— É. O trabalho que fizemos na Falecida, por exemplo, foi muito bom, porque antes de filmar fizemos laboratório, conhecemos os nossos tipos — uma suburbana é uma mulher que eu conheço, não é uma senhora que viva na Polônia, que tenha frios de geada ou coisa parecida. É uma senhora que a gente vê na rua, em Madureira ou no Méier. É só a gente pegar uma condução e chegar até lá. Isso facilita um pouco. A interiorização da personagem a gente consegue através de ensaios, como nós fizemos durante quase um mês. De modo que, quando começamos a filmar, tudo correu numa grande calma e foi apenas uma questão de motivar a memória do trabalho já realizado.
— Não é mais fácil pra você fazer um só papel numa peça do que vários?
— O trabalho é o mesmo. Se você tem uma personagem só, frente a um espetáculo só, ela tem um começo, um meio e um fim. Quando a gente faz um tipo de trabalho em que interpreta várias personagens, cada seqüência tem um começo, um meio e um fim. Você ensaia durante meses e então se equipara a um atleta. Quer dizer, você corre em cada dia um pouco e no fim de um certo tempo você já abrange todo um conjunto de trabalho, quer fisicamen-

te, quer mentalmente. Você estuda sua personagem lendo sobre ela. Isso tanto faz uma personagem imensa como uma pequena. Eu, pelo menos, tenho esse método de trabalho. Cada ator tem uma maneira de botar pra fora a sua representação.

— Então, quando você faz uma porção de personagens, tem mil começos, mil meios e mil fins. Isso não é chato?

— Não. Claro que se a gente só fizer este tipo de espetáculo, no fim vira número de circo. Mas isso, na minha carreira, é uma modalidade completamente nova, então há todo esse frescor de uma coisa que é feita pela primeira vez. E como o público vem, e o público aplaude e se interessa pelo que a gente faz, é uma coisa inteiramente renovada e que não cansa absolutamente.

— No cinema, a comunicação com o público é maior que no teatro?

— Não, mas é mais ampla. O cinema leva você por todo o mundo, se for o caso. No teatro você tem que estar ali, junto com aquela platéia, ou de mil ou de duas ou de uma pessoa.

— Você não se atrapalha sabendo que, no teatro, se errar não há nada a fazer, e no cinema pode repetir a cena até acertar?

— Não, porque o teatro é uma coisa no tempo, também. Então, se você faz hoje uma personagem mal, já sabe que vai levar algum tempo para aperfeiçoá-la. O teatro é um tipo de profissão antiga, onde o tempo não faltava. No Brasil, por exemplo, no caso da *Falecida,* quanta cena poderíamos ter refeito e não o fizemos porque não havia possibilidade monetária de se perder mais filme virgem? A nossa economia, quer no teatro, quer no cinema, ainda é muito restrita, muito mesquinha. Aqui, quando uma cena é filmada seis vezes, já é uma superprodução. Acho que isso nem acontece.

— *Novela atrapalha muito?*

— Não é a novela. Eu acho que é a televisão, é o calor, é o nosso poder aquisitivo cada vez mais restrito, é a chuva. E, na maioria dos casos, são os próprios espetáculos teatrais que são tristes, bisonhos, melancólicos.

— *Por que a novela é tão barata quanto ao enredo, isso tem algum problema de receptividade popular, de adequação ao gosto do público?*

— Eu não sei, isto é uma coisa a estudar. Porque essas novelas têm histórias nauseabundas. Algumas novelas melhores não tiveram penetração. E o que é mais estranho: esse tipo de história faz sucesso aqui, na América, na França, acho que até na Suécia.

— *Fazendo um paralelo, certas novelas do Camilo Castelo Branco — que são quase como essas de televisão — são as que mais se vendem em Portugal. Diz-se que essas novelas têm muita popularidade porque tiram da alma popular as legendas, os chavões legendários da mulher que casa com o pai, ou então do irmão que descobre que vai casar com a irmã e toda aquela história, e repõem tudo na novela bem barata, porque esses chavões estão na alma do povo.*

— É. Eu também acho isso. Porque você vê, por exemplo, que o *Direito de nascer* não é uma novela que fez sucesso à toa. É uma novela que tem, primariamente, todos os problemas da sociedade de hoje: a mãe solteira, o patriarcalismo, o preconceito de cor, o filho natural, o preconceito de classe. Quer dizer, a coisa é feita primariamente, mas os grandes temas do mundo de hoje estão ali. Por exemplo, você faz *Os miseráveis,* do Victor Hugo, e vê as injustiças sociais sendo feitas de uma forma romântica. Geralmente essas novelas apelam mais para uma mulher que é abandonada, pois a mulher é a grande ouvinte deste tipo de espetáculo. Ela tem sempre uma condição de sofredora, de espezinhada, de perseguida pelas leis dos homens. As personagens são sempre mulheres que são postas para fora de casa, uma senhora rica, ruim e poderosa que as persegue, uma pobre moça que não tem pai nem mãe, é dependente de outra pessoa, e tem sempre que guardar uma virgindade porque senão o namorado não vai casar com ela. Quer dizer, atrás disso tudo há componentes sociais bastante importantes. Eu acho que é por isso que a novela tem penetração.

— *O que se combate na novela é a forma primária e popularesca de apresentar um problema. Mesmo se você quer alcançar um milhão de pessoas toda noite você deve colocar tudo numa forma tão primária?*

— Tem que ter aquele tom de folhetim. Não pode ter qualquer implicação mais intelectualizada. Tem que haver sempre aquele rococó. Uma senhora que comanda esse mundo das novelas sempre manda os recados assim: *no me saque el rococó*. Porque as personagens nunca respondem: Não, eu não vou. Eles dizem sempre o nome do herói: Sim, João da Silva Guimarães Lima, eu não irei. Usam sempre o futuro. É uma coisa meio gongórica. Mas a novela continua a ser o grande ibope da televisão, ainda é o recorde de audiência. Essas novelas todas que estão por aí — umas têm mais, outras têm menos —, mas todas elas têm uma audiência tremenda em todas as camadas sociais. Eu me lembro que tinha umas tias que compravam fascículos que eram vendidos todas as semanas. Eram histórias terríveis, de princesas russas que eram roubadas e espezinhadas, era a pobre mãe solteira. Elas levavam às vezes três ou quatro anos acompanhando a história. Chegavam os fascículos e as moças se reuniam e a que tinha a melhor voz lia mais alto para as outras ouvirem.

"A novela não teria a penetração que tem se não houvesse uma necessidade humana dela, dentro da população que a vê e ouve. Automaticamente, passaria a ser uma excrescência e se apagaria. Se uma platéia presta atenção a esse tipo de programa, é porque ela necessita, por alguma razão, desse tipo de emoção. Senão ela se aniquilaria por si mesma, por nenhuma utilidade. E cada vez essas novelas têm mais penetração e as histórias são mais rocambolescas e mais complicadas e cheias de idas e vindas e monstros e tias más e irmãs loucas e tuberculosas e corcundas."

— *Qual o papel da televisão na formação da cultura no Brasil?*

— Por enquanto, o papel é nulo. O que de melhor se realizou nesse campo está com Gilson Amado. A televisão poderia suprir quase todas as necessidades culturais do nosso povo — não só ela como o rádio, também —, mas estamos apenas no campo comercial de televisão e acho que não se sairá nunca disso.

— *Esse negócio de iê-iê-iê tem algum valor?*

— Todos os valores. Eu acho lindo, simples, infantil. Fazem uma mistura de Príncipe Valente com o *smoking* de Mandrake, reações fisionômicas de Batman e qualquer coisa de bisavô vitoriano. E quem é que deu tudo isso pra eles? As gerações que os precederam. Agora, acho que a imprensa deveria cuidar mais — promocionalmente falando — da juventude peluda, sim, mas estudiosa. Acho uma coisa maravilhosa ser peludo. A gente tem cabelo pra usar. Nós não estamos mais no tempo da guerra, em que usar a cabeça toda raspada com um topetinho em cima era o que havia de mais másculo e definitivo. Acho até que essas cabeleiras todas são uma posição antiguerreira, anticadete.

— *A juventude moderna tem futuro?*

— Claro que tem futuro. Principalmente se as gerações mais velhas deixarem. O drama é mais nosso do que deles.

— *E qual é o fim do homem?*

— Dizem que é o seu renascimento.

CLARICE NO ESCURO
Livro de cabeceira da mulher, volume 4, 1967

ERA HORA DE RACIONAMENTO DE ENERGIA ELÉTRICA, DE PALAVRAS, "MAS foi dando pouco a pouco uma alegria difícil; mas chama-se alegria".

A possíveis leitores

Este livro é como um livro qualquer. Mas eu ficaria contente se fosse lido apenas por pessoas de alma já formada. Aquelas que sabem que a aproximação, do que quer que seja, se faz gradualmente e penosamente — atravessando inclusive o oposto daquilo que se vai aproximar. Aquelas pessoas que, só elas, entenderão bem devagar que este livro nada tira de ninguém. A mim, por exemplo, o personagem G.H. foi dando pouco a pouco uma alegria difícil; mas chama-se alegria.

Clarice Lispector
(prólogo de A paixão segundo G.H.*)*

Foi muitos anos depois da Revolução de 1917 que a família Lispector resolveu emigrar da Rússia para a América. Tinham que escolher entre os Estados Unidos e o Brasil, que preferiram por causa das maiores facilidades encontradas.
Pedro Lispector, o pai, Marian Lispector, a mãe — grávida — Elisa e Tânia, as duas filhas pequenas, partiram então do interior da Ucrânia,

onde moravam, em direção a Odessa. No meio do caminho, mais precisamente em Tchetchelnik, nasceu Clarice e seguiram viagem.

— O que representa Tchetchelnik para você, ela tem alguma importância em sua vida?
— Eu saí de lá ainda de colo. Tinha vontade de pisar nela.
— Que terra você considera como sendo a sua terra natal?
— O Brasil, é claro.
— Clarice fala os rr meio puxados, perguntei se era sotaque.
— Não, é que tenho a língua presa. Antes eu falava toda sibilando, os meus ss também prendiam (aqui ela imita o som do seu ex-s). Agora melhorei dos ss. É engraçado, nenhuma das minhas irmãs fala como eu.

Com dois meses de idade, Clarice chegou no Recife. Fala ainda hoje com um acento meio nordestino, a voz lenta, meio preguiçosa. De sua infância tem uma lembrança meio vaga:

— Tudo em mim é muito vago em matéria de memória. Não sei separar os fatos de mim, e daí a dificuldade de qualquer precisão quando penso no passado.

Suas primeiras lembranças — tinha por volta de dois, três anos — têm um ar meio de sonho.

— Lembro-me da presença de um gato na sala. E de meu pai, diante da mesa, uma porta atrás. Não havia uma porta atrás do homem? A que distância ficava? Podia ele puxá-la com a mão?
— Há alguma influência de sua visão onírica de sua infância no seu estilo, em que a realidade é confundida com o mundo dos sonhos?
— Tenho idéia de cenas reais e de sonho em minha infância. Com certeza eu deformava a realidade, como toda criança. Meu estilo é a realidade artística, é uma realidade específica, não é um sonho.

Quando os fatos começam a ter alguma nitidez na memória, Clarice tem seis anos. Estava na escola primária junto com sua irmã Tânia, *enquanto a mais velha, Elisa, fazia o Curso Normal. Lembra-se de ter tido uma infância alegre.*

Clarice começa a ler aos seis anos, mas não imaginava que seus livros infantis tivessem autores. Quando descobriu que havia gente que escrevia livros, resolveu escrever também.

— Para Machado de Assis, "a literatura era mais que um passatempo e menos que um apostolado". O que a literatura representa em sua vida? Por que você escreve?
— Que pergunta, também. Eu hein! Sei lá. Não sei responder porque é uma coisa que comecei a fazer quando tinha seis anos e então faz parte da minha vida. Não sei por que escrevo, mas sei que escrevo quando preciso.

Começou então a fazer pequenos contos. Um dia descobriu num jornal uma seção infantil e resolveu mandar alguns trabalhos para lá, mas nenhum foi publicado. Aos nove anos assistiu a uma peça de teatro e escreveu uma em três atos escrita em três páginas de caderno.
Com 12 anos veio para o Rio e foi morar na Tijuca.

— A Zona Norte tem alguma influência em sua obra?
— Conheci mais o Rio morando também na Zona Norte (hoje, Clarice mora no Leme). A Zona Norte é menos norte-americana.

Nessa época abandona as leituras de M. Delly e Ardel e troca-as por Júlio Diniz, José de Alencar e Eça de Queiroz. Quando termina o ginásio, entra para o curso complementar de Direito no colégio Andrews e as leituras aumentam: Machado de Assis, Graciliano Ramos, Jorge Amado, Mário de Andrade, Rachel de Queiroz, Hermann Hesse e Julien Green.

— Quais os escritores que mais a influenciaram?
— Não sei. Fiquei muito impressionada com o *Lobo da estepe*, de Hermann Hesse.
— Há alguma influência no seu uso do "stream of conscience" e o de Virginia Woolf, as duas influenciadas por Joyce e chegando ao mesmo tempo a uma solução paralela?

— Li Virginia Woolf depois de começar a escrever. Temos afinidades. Não sei quais são, mas os críticos sabem.

— Você é uma escritora ou uma escritora brasileira?

— Sou uma escritora. Ninguém é um escritor localizado.

— Você e Guimarães Rosa são considerados os grandes renovadores do romance moderno brasileiro. O crítico Fausto Cunha diz que vocês não passam de dois embustes.

— (Clarice ri) Diz que caí na gargalhada. Exatamente embuste é o que nós não somos. Qualquer outra coisa menos embustes.

Clarice é extremamente simpática. É alta e tem lindos olhos azuis. Peço para ela me fazer seu auto-retrato e ela me mostra os cinco quadros que tem nas paredes com seu retrato pintado. Só diz que é uma tímida disfarçada, "uma tímida ousada" que adora bordar.

No intervalo do curso complementar, Clarice aprende datilografia e dá aulas de matemática e português. Estava no segundo ano quando publicou o seu primeiro trabalho — um conto. Entra para a Faculdade Nacional de Direito e no primeiro ano começa a trabalhar na Agência Nacional, como redatora, passando depois para o jornal A Noite.

— *Álvaro Lins diz que "o mundo de ficção de Clarice Lispector não seria adequadamente expresso dentro da estrutura tradicional do romance".*

— Bolas! Tem direito à opinião dele.

— *Simone de Beauvoir diz que "é natural que a mulher tente, pela arte, evadir-se desse mundo onde se sente tantas vezes menosprezada e incompreendida".*

— Não é o motivo pelo qual escrevo. Eu me sinto muito bem como mulher.

Pedro e Paulo são os dois filhos de Clarice Lispector. Ela ficou, durante a entrevista, preocupada com o jantar dos meninos. É muito carinhosa com eles e numa certa hora um deles interrompeu nossa conversa para pedir dinheiro para comprar uma revista no jornaleiro. Clarice pegou então uma enorme bolsa gelo, dessas bem grandes mesmo, e tirou o dinheiro dali.

— O que é mais importante na sua vida, a maternidade ou a literatura?
— Páreo duro. A maternidade. Estou vendo que, se tivesse que desistir de um, desistiria da literatura.
— Qual contribuiu mais para a sua realização?
— A maternidade. (Pausa) E a literatura.
— Seus filhos e seus livros competem entre si?
— De jeito nenhum. Não houve dificuldade em conciliar as duas atividades.

Foi na faculdade, em 1942, que Clarice começou a escrever seu primeiro romance. Antes disso fizera algumas colaborações para jornais e havia escrito um volume de contos para um concurso instituído pela José Olympio. O romance começou a ser feito em meio a "grande angústia".

— A angústia é inerente ao homem, à condição humana, ou é causada por fatos exteriores?
— É inerente ao homem. Sou angustiada como todo mundo, não mais.

As idéias que lhe vinham começaram a obcecá-la. Mas não conseguia registrá-las quando se via diante do papel. É que as idéias já vinham prontas e Clarice notou que a melhor maneira de registrá-las seria usar sempre um caderninho, que carregava sempre consigo.

— Hoje em dia não saio mais de caderninho, esqueço muito. Mas fico aflita quando estou sem ele. Em geral eu peço aos outros um pedaço de papel.

O romance foi escrito em nove meses.

— E se não tive de reescrever uma linha foi porque, enquanto anotava, já o fazia de maneira definitiva.

Perto do coração selvagem *é o aproveitamento de uma frase do livro* Retrato do artista quando jovem, *de James Joyce. Foi publicado em séries no jornal* A Noite *e a crítica ficou entusiasmada.*

— *Qual sua opinião da crítica literária?*
— Temos poucos bons críticos.
— *Qual a função da palavra em sua obra?*
— Expressão pura. É um instrumento de conscientização. É através dela que o homem descobre-se a si mesmo e aos outros.
— *Por que você evita o uso de adjetivos que "casam" com os substantivos, ou seja, por que você usa sempre uma adjetivação que surpreende pela novidade?*
— É meu modo de me expressar. Não sei responder.

Ficou muito surpresa com o sucesso do livro:

— Ao publicar o livro, eu já programara para mim uma dura vida de escritora, obscura e difícil; a circunstância de falarem de meu livro me roubou o prazer desse sofrimento profissional. Tinha a impressão de que os leitores que gostaram de *Perto do coração selvagem* haviam sido enganados por mim. Fico sempre deprimida depois de uma conversa longa, e me senti exatamente como se tivesse falado demais.

Durante a guerra Clarice estava em Nápoles. Ajudava num hospital de soldados brasileiros, lia muito e começou a escrever um novo romance
— O lustre, *sobre o qual Fernando Sabino escreveria, em 1946, que "em Clarice Lispector a linguagem não é apenas a expressão de um pensamento, ou o pensamento de um sentimento. Ela tenta fazer da linguagem o próprio sentimento".*

— *Segundo Castagnino, em seu livro* O que é literatura?, *a pessoa é levada a escrever ou pelo anseio da imortalidade, ou pela necessidade de comunicação, ou pelo engajamento, ou pela evasão ou por ludismo. Qual o seu caso?*
— Suponha que escrevo para entender o que tenho a dizer.
— *Cultura popular: existe, tem importância, é universal ou regional, é válida?*
— Ainda não existe. Nossa literatura é capitalista, infelizmente. A cultura popular é fatal no sentido em que é produto do meio

em que vivemos. Teria importância, e muita, se existisse, porque o povo precisa dela.

— *Literatura engajada dá pé?*

— Deixa eu pensar. *(Pausa)* Dá. Exatamente porque ajuda a si mesma e aos outros.

— *Você admite a possibilidade de algum dia vir a ser uma escritora engajada?*

— Admito, mas não sei se estou perto.

— "Crime doesn't pay." *Literatura compensa?*

— Não. A literatura é um fracasso. Um fracasso individual. É difícil responder por quê. Financeiramente, não compensa de jeito nenhum, nem traduzida. Fui traduzida em alemão e inglês e não deu pé.

Entregou O lustre *à editora e logo depois começa a escrever* A cidade sitiada, *que termina em 1949. Escreve alguns contos, publicados com o título* Alguns contos. *Por volta de 1952, começa a fazer as primeiras anotações para* A maçã no escuro, *considerado sua obra-prima. Termina o romance em 1956.*

— *Por que seus personagens femininos são mais completos e mais destacados que os masculinos?*

— Talvez porque eu seja mulher. Mas Martin, personagem de *A maçã no escuro*, é completo como homem. Põe isso, porque ele é mesmo.

"*Criando todas as coisas, ele entrou em tudo. Entrando em todas as coisas, tornou-se o que tem forma e o que é informe; tornou-se o que pode ser definido e o que não pode ser definido; tornou-se o que tem apoio e o que não tem apoio, tornou-se o que é grosseiro e o que é sutil. Tornou-se toda espécie de coisas: por isso os sábios chamam-no o Real.*"

(Vedas/epígrafe de A maçã no escuro).

— *Existem uma literatura feminina e uma literatura feita por mulheres?*

— Não. A literatura é feita para gente. Não, de jeito nenhum. Mulher é escritor, não é escritora, por mais feminina que seja.

Clarice usava um vestido estampado em tons pastel, simples e elegante. Nos pés, sandálias brancas sem salto. Tinha os cabelos soltos, na altura dos ombros.

— Você acompanha a moda?
— De longe. Não gosto de andar de uniforme, não.

Clarice é carinhosa — usa muito chamar as pessoas de "meu bem" — e bastante acessível; não se fecha em torres de marfim e estava preocupada se estava sendo distante.

— Mulher gosta de apanhar?
— Só do homem amado. Que é isso! Apanhar sem amor é fogo!

Começamos a falar de política e perguntei se Costa e Silva é o pai boa-praça e Castelo, o mal-encarado.

— Não compreendo bem os dois. Vamos deixar isso de lado.
— Você é de esquerda?
— Eu queria um socialismo brando para nós. Não o inglês, porque ainda não estamos preparados para isso, mas queria um socialismo para o Brasil.

Perguntei se ela poderia ajudar para isso de alguma forma através da literatura, e Clarice respondeu que não sabia ainda.

— U Thant tem condições de fazer a paz no Vietnã? Os Estados Unidos vão sair de lá?
— Ah, como eu queria. A resposta é essa. Como eu queria!
— Você educaria seus filhos segundo o método de Sumerhill?
— Sumerhill é fabuloso, mas eu não teria coragem, não. Eu não faço experiências com meus filhos.

Falando sobre culinária, perguntei a Clarice se esta arte se compara à literária:

— Ah, não tem resposta!
—*Você cozinha?*
— Infelizmente, não. Gostaria muito, mas sou de uma falta de jeito total. Dependo inteiramente das empregadas.

Uma crioulinha uniformizada me traz um cafezinho e Clarice me apresenta:

— Esta é a Therezinha, que eu insisto em chamar de Aparecida. Não sei por quê. Não tenho nenhuma conhecida nem amiga chamada Aparecida. Não conheço ninguém com esse nome.

Clarice é um nome que jamais me lembrará outra pessoa a não ser uma moça Clarice Lispector, linda, mobilizante, escritora e que adora bordar.

— "Desculpe qualquer coisa que eu tenha feito sem querer. Desculpe qualquer palavra mal dita." *(A maçã no escuro.)*

SÍLVIA AMÉLIA: "EU SOU UMA GIGANTA DE CABELÃO, E AMÉLIA, QUEM SABE?"

Livro de cabeceira da mulher, volume 4, 1967

Meu nome é Sílvia Amélia Marcondes Ferraz. Nasci em 1942, no Rio, na Casa de Saúde Arnaldo de Morais. Tenho 24 anos agora. Daqui a alguns anos vou dizer que tenho menos, portanto não gravem isso. Mudei muito de colégio porque era levada da breca. Casei no fim do curso clássico com o Paulo Fernando e tenho dois filhos: Maria Pia, de três anos e meio, e Mariano, de um ano e meio. Se eu fosse realmente inteligente, gostaria de ter estudado arquitetura. Agora já perdi a vontade.

Você me pede para dizer como eu me vejo. É melhor perguntar isso a quem me vê. Eu faço o possível para ficar bacana.

Não sei se sou inteligente. Quando eu era pequena, minha irmã dizia que eu era bonita, mas não inteligente, e que ela é que era inteligente e tinha bossa.

Meu pai, cientista e embaixador Carlos Chagas, é bárbaro, para dizer a verdade. Eu o considero o símbolo de tudo que tive na minha vida — símbolo de moral, de inteligência, de calor humano, de modo de vida e de amor. Apesar de ser um intelectual, ele fala de todos os assuntos. Para mim ele é um homem completo.

Eu não sou Nabuco. Eu sou Melo e Franco de minha mãe e Chagas de meu pai. A mãe das Nabuco é irmã de minha mãe e elas são Nabuco pelo pai. Mas eu acho que o Joaquim Nabuco foi um grande estadista.

Minha família: tenho um marido que é exatamente aquilo que eu preciso na vida — segurança, alegria (ele é muito alegre. Só sou alegre quando ele está do meu lado), me tira a solidão, é companhia. Meu único rival é o pólo. Considero meus filhos a melhor coisa que nós inventamos.

Minha filosofia de vida: quero me chatear o menos possível e acho que para ser feliz você tem que trabalhar. A felicidade não é um presente que chega e você só desembrulha, não. Você tem que ir lá e comprar. Para não se chatear, a receita é fácil: não se dar com os chatos.

Tricô? Ah, isso não. De jeito nenhum. Não faço nada nesse gênero. Nem tapete, nem costura, nem pregar botão. Acho que isso ainda não está na minha hora de fazer. Tem tanta coisa melhor para fazer. Isso é para encher o tempo e eu queria que o dia fosse maior porque meu tempo não chega.

Mas entendo muito de negócios, porque tenho a maior intuição. Não acredito em descobrir bons negócios. Acho que os grandes negócios já foram feitos, o que a gente tem que fazer é continuá-los. Assim, quando você diz que encontrou um escritor de sessenta anos genial, isso não pode ser, porque quem é bom já nasceu bom.

Ser mulher só tem vantagem. Não conheço ainda as desvantagens. Eu nunca seria homem; nem na outra encarnação.

Geralmente leio romance. Eu adoro. Não gosto de ler biografias. Não tenho preferência de autor, gosto de todo livro bom. Já li Proust, mas não faço parte do Clube de Proust — que são os admiradores que sabem a obra dele de cor e salteado. Mas prefiro os romances porque sou muito romântica, e me enquadro inteiramente quando leio um livro. Daí, eu gosto de me identificar com os personagens.

Gosto de *science-fiction* porque gosto de tudo que é irreal. Acho que a vida tem milhões de coisas boas e muitas coisas ruins, e *science-fiction* é sensacional, porque você não pode nem julgar se as coisas são certas ou não. Não é fuga porque estou muito contente com minha vida, mas é como um conto de fadas. E quem é que não gosta de uma história da Carochinha?

Acho que a pintura é uma das melhores coisas que eu já descobri, porque muitas vezes eu ficava pensando, querendo ter alguma comunicação com as outras pessoas e não tinha como, porque eu não tenho jeito para escrever. Daí, eu comecei a pintar e a ver que era muito fácil e que eu conseguia fazer exatamente aquilo que eu pensava. E tudo melhorou. No fundo, eu gosto de fazer uma coisa que todo mundo admire. Se fosse só para mim, eu acho que não pintaria. Gosto que admirem o que eu faço.

Meu perfume é o Vivara, do Pucci. Tem cheiro de floresta. Perfume doce é para velha.

Meu prato preferido é blini com caviar. Mas, para dizer a verdade, eu gosto mesmo é de berinjela recheada; tenho paixão.

Gosto de qualquer dia feriado, apesar de eu não trabalhar durante os dias da semana. Mas o dia que eu mais gosto, que sou gamada, é sexta-feira de noite. Desde de manhã eu fico alegríssima, e de noite, para mim, é o máximo. Gosto de qualquer dia da semana, contanto que um seja diferente do outro. Aos domingos costumo ir ao parque de diversões com meus filhos — aliás, são eles que vão me levar — e no verão passo o dia na praia.

Quando meu marido me vê na praia de biquíni, ele diz que está bacana. Mas geralmente uso maiô inteiro, porque tenho mais e estou aproveitando.

Deslumbrada? Não. Sou deslumbrada com a vida, mas com as pessoas, não.

Deve ser bom ser rica.

Gosto de animais, mas tem coisas que eu gosto mais. As pessoas, por exemplo.

Meu marido, para fazer charme para mim, diz que o amor dele foi à primeira vista.

Casamento, só por amor. Se não, é melhor ficar solteira.

Sexo é tabu para quem não conhece.

Não sei se a mulher deve, obrigatoriamente, casar virgem. Pergunte ao marido.

O que eu menos gosto numa pessoa é uma observação pessoal ruim. Detesto quem diz que é teu amigo e diz que o teu cabelo está horrível. Não sei dizer o que mais gosto, porque tem pessoas que eu cismo e não gosto mesmo sem conhecer. E tem outras que eu gosto, mesmo quando elas são cheias de defeitos.

Fico muito nervosa quando sou entrevistada. Porque, aparentemente, eu não sou nada tímida, mas no fundo eu sou um pouco e não gosto que me peguem desprevenida. Fico preocupada de responder as coisas de repente.

Ser elegante é botar qualquer roupa que caia bem.

Eu gosto muito de Pucci, mas agora, para dizer a verdade, eu já enjoei um pouco. Antigamente eu adorava Pucci. Eu adoro cor, acho que todo mundo deve se vestir na base da cor. Mas de repente Pucci virou mania, ficou todo mundo copiando, fazendo tudo igual. É a mesma coisa que usar uniforme, e eu tenho horror a uniforme. E então eu boto... Sei lá o que eu boto. Eu compro roupas aqui no Brasil mesmo, qualquer coisa assim que vai bem, que seja colorida, bonita. Eu gosto de vestido curto, de minissaia. Por meu gosto eu usava minhas roupas ainda mais curtas, mas o Paulo Fernando não deixa e eu já não tenho mais idade para isso.

Eu acho que quem faz a moda não é o costureiro, é a mulher. Porque a roupa só fica conhecida depois que ela usa. Acho que todo costureiro adora embonecar a mulher, mas às vezes eles não sabem como é que é, porque não têm exatamente aquilo que a gente tem.

Outro dia eu vi uma gravata muito bonita no *Elle et Lui* e pensei: bom, eu vou comprar a gravata para botar na minha cabeça como fita. Mas vai ver que tem muita mulher que passa e diz: não, quem sabe se isso não é bonito mesmo no pescoço? Depende da mulher. Imagine eu, que sou uma giganta de um metro e setenta e tantos, de cabelão e gravata no pescoço. Eu não posso, né? Só mesmo usando gravata para amarrar o rabo-de-cavalo.

Acho que a alta-costura vai acabar, porque pelo preço que os costureiros estão cobrando, dentro em breve, em vez de comprar um vestido, vai ser muito melhor comprar um quadro de Picasso.

Badalar, no sentido de sair, gosto. Mamãe dizia que precisava botar um calmante na minha sopa quando eu era pequena para eu não querer sair. Mas eu adoro acordar de manhã e saber que não tenho nada pra fazer o dia inteiro, que posso ficar pintando e que de noite eu também não vou sair.

Vou ao Bateau uma vez ou outra. Acho que ficar mais de uma hora lá dentro enlouquece. Adoro dançar, mas não gosto nada de boate. Gosto de ambiente glamouroso. Boate só assim tipo Sacha's: você chega e pede um daiquiri, ouve "Garota de Ipanema" e conversa, e tal. Isso é que é bom.

Minhas roupas são autênticas, isto é, escolhidas por mim. Mas compro aqui no Rio.

O que acho do *high-society* brasileiro? Não o conheço muito bem.

A vida social interfere na minha vida particular até o ponto de não atrapalhá-la.

Se gosto de ser mulher de sociedade? Mas eu não escolhi. Nasci assim. Sociedade não é *café-society,* mas ser de uma família boa. Mas você acha que sou? Se sou ainda não percebi. Mas a ir a um baile num clube, prefiro ir a um baile na casa do Onassis.

Eu acho que o Brasil agora está na época das vacas gordas, pra dizer a verdade. Estou com grandes esperanças nesse governo e acho que o Brasil vai melhorar 100%. O presidente é um homem muito inteligente, um homem corajoso, e, para governar o Brasil, eu acho que, antes de mais nada, é preciso ter coragem.

Se o Brasil fizesse uma bomba atômica? Acho uma grande idéia, acho que precisa. Não é para usar, não. É pra ter. Para usar para meios pacíficos.

Bem, eu não sei no que vai dar o conflito vietnamita. Mas eu gostaria que acabasse logo, porque há tanta gente morrendo lá. Eu acho que é uma guerra de prestígio.

Ora, claro que os americanos estão com a razão. Eles querem é ceder, mas eu acho, na minha opinião, que é uma guerra inteiramente de prestígio entre os comunistas e os americanos. Eu por mim queria que terminasse, que houvesse um tratado possível. Mas agora você imagina se os americanos cedem. Acaba, né? Eu, pelo menos, tenho a maior confiança nos americanos e ficaria muito decepcionada. Não pode. Vão me chamar de entreguista, mas se você pensa no monte de vidas que se acabam lá, você não imagina. E o mais triste de tudo é que parece que os soldados americanos ficam se perguntando: Mas por que a gente está fazendo esta guerra? Porque geralmente são os ideais dos países que estão em jogo, mas quem vai mesmo para a guerra não tem aquele ideal de vida. Nenhum deles está conformado de perder a vida por causa disso, entende?

O que acho de a Índia preferir usar sua energia nuclear para a paz, em vez de fabricar sua bomba atômica? Sensacional. A energia nuclear só deve ser utilizada para a vida, e não para a morte.

Chega primeiro à Lua quem for mais esperto.

O intelectual brasileiro é igual ao francês ou inglês no sentido de desenvolvimento e inteligência. Mas é preciso saber escolher o intelectual. O pior são aqueles mascarados de intelectual e que não são.

Acho necessária essa revolução dos jovens por todo o mundo. Acho que vai ter ainda muita coisa no intervalo entre os Beatles e a Terceira Guerra Mundial.

Não sei se o trabalho para a mulher pode vir a atrapalhar o andamento da vida doméstica porque eu não trabalho. Acho que gostaria de trabalhar se fosse um trabalho de arte, mas contanto que não tivesse horário. Detesto horário. Também gosto que o trabalho seja de tarde, porque de manhã, se eu puder, prefiro dormir.

Ah, que a sociedade brasileira ainda é muito patriarcalista eu acho, sem dúvida nenhuma, por mais que a gente queira dizer que não.

Se recomendaria a psicanálise? Imagina se eu dissesse que não. Os psicanalistas iam ficar furiosos comigo. Acho que quem precisa deve fazer. Graças a Deus, não é o meu caso. Gosto de ir ao médico, tomar remédio e ficar boa. Não gosto de ir lá e ter que voltar daqui a 15 dias e depois outra vez e mais outra vez. Mas a psicanálise tem uma espécie de coisa que pode ajudar muita gente: você não vai quando tem os problemas, mas para evitar tê-los.

Acho que a música brasileira está sensacional. Acho o Chico Buarque um expoente da música brasileira, e não é pela "Banda", não. Ela só serviu para seu lançamento. E o que você me diz do Tom gravando com o Sinatra? Acho que a música brasileira evoluiu muito, mas tem muitos músicos que não evoluíram. Acho que desde Noel Rosa o que houve foi um intervalo para chegarmos na música de agora.

Só janto fora no Chateau. Só vou aos mesmos lugares porque gosto de ser bem tratada, gosto que as pessoas já me conheçam, ponham a música que eu gosto, me tragam o prato que eu gosto.

Decoração: acho que todas as coisas de bom gosto combinam entre si. Mas colonial brasileiro eu não agüento nem ouvir falar. Até leiteria e casa de vender queijo estão decoradas assim.

Acho que as pessoas devem ter um curso superior. Estou burra, não sei mais nada, nem fazer conta.

Sou católica apostólica romana, praticante, daí não poder dizer que sou a favor do divórcio. Mas acho que duas pessoas que não se entendem, Deus deve compreender que elas têm que refazer suas vidas. O que estou vendo é a vida da terra e acho que inclusive para os filhos é preferível ver a mãe em paz do que revoltada contra a sociedade.

Meu nome é Sílvia Amélia porque minha avó se chamava Sílvia e uma tia minha que criou minha mãe era Amélia. Uma amiga minha deu o meu nome para uma filha dela e aí eu achei bonito. Ela me ensinou a gostar do meu nome.

Quem que eu gostaria de ser se não fosse a Sílvia Amélia? Tanta gente! Quis dar um ar sério à minha entrevista, mas esta resposta vai acabar com a seriedade. Para dizer a verdade, quem eu queria ser mesmo é a Sofia Loren. Mas há certos homens que me atraem — o Churchill e o Kennedy, por exemplo —, apesar de eu ter dito que nunca seria homem. Eu queria ser qualquer pessoa que tivesse um papel maravilhoso nas artes, que fosse o melhor, não queria ser o mais ou menos, não. Ou o Picasso, na pintura, ou o Rubinstein, no piano, ou o Nureyev, no balé.

Sou uma pessoa realizada, mas ainda tenho muita coisa a fazer. Homem bonito e burro não funciona.

Não gosto de dar entrevistas porque em geral as pessoas deturpam o que a gente diz. Mas dessa vez, como era para um livro, pensei: bom, chegou a minha vez de ser intelectual.

Receita para ficar moça: acordar bem tarde, ligar uma música, tomar um café sensacional, com bolo, geléia, café com leite, ovos quentes, tangerinada, ler o jornal, se informar com as amigas das novidades pelo telefone, tomar banho de banheira com um óleo inglês chamado Flores — sensacional —, não deixar ninguém te dar uma má notícia — a não ser quando ela for inevitável —, botar uma minissaia, soltar o cabelo até a cintura, pensar que tem 15 anos e sair, e só fazer aquilo que fazem os que têm mais de quarenta. Isto é, ir ao cinema, a uma galeria de arte, a uma conferência bem-feita, tomar chá com os amigos, estudar.

A velhice é um estado de espírito. Tem dias que você pode acordar e se sentir velho, e outros que você acorda, pinta o olho e nem pensa. Acho que a receita principal, fisicamente, para não ser velha, é pedir para ser apresentada ao Pitanguy. Mas deve ser duro a gente acordar um dia — que não é o nosso caso — e descobrir um pé-de-galinha. O que envelhece mais é fazer ginástica, se tratar toda e passar creme, porque assim a gente fica um caco.

Eu em uma palavra: não sei me julgar, é dificílimo. Pintora eu acho bem bacana. Mas já diz o meu nome: Amélia, quem sabe?

A quem possa interessar:
Nome: Sílvia Amélia.

Residência: um grande apartamento em Copacabana, muitos móveis, poucos quadros (nenhum Picasso).

Filhos: Mariano dormia e Maria Pia ia para o colégio (vai de táxi ou com o chofer). Sílvia Amélia vibra quando ela aparece na sala com uma caixa cheia de fitas de cabelo pra ela pentear. Acha a filha linda (e é).

Trajes: 1) calça branca com a barra listrada em turquesa e azul-rei, blusa sanfonada turquesa, sapato branco.

2) calça turquesa, camisa de crepom listrada em turquesa e azul-rei (amarrada acima da cintura), o mesmo sapato branco.

Pintura: nenhuma.

Cabelos: soltos.

Olhos: grandes e azuis.

Observações: não fuma; em quarenta minutos atendeu a aproximadamente oito telefonemas; começou a entrevista muito nervosa — na segunda vez estava descontraída; num canto da sala, um par de sapatos (presumivelmente de Paulo Fernando, dado o tamanho do pé); unhas curtas pintadas de esmalte incolor; nenhuma jóia, a não ser uma aliança de platina; numa salva de prata, um convite do governador Negrão de Lima; para o cafezinho, colher de *vermeil*; uma costureira levantava a bainha das roupas; uma moça da Casa dos Cegos tentava vender um livro; a simpatia transborda em Sílvia Amélia, que me ofereceu um livro e se esqueceu de dar.

CHRISTINA AUTRAN, DE NOVA YORK, APRESENTA:
MÁRCIA HAYDÉE — NACIONALIDADE, BAILARINA
Revista Vogue, fevereiro de 1978

"Minha casa é o teatro. Se amanhã a gente for para a China, vai ser lá o nosso lar", diz a brasileira que é primeira bailarina do Ballet de Stuttgart e uma das maiores do mundo. "A gente" é a própria Márcia e o bailarino Richard Cragun, com quem vive há 16 anos. Uma vida toda voltada para a dança e cuja pátria é o palco.

Em malha cor-de-rosa — uma de suas cores preferidas —, recostada numa chaise-longue e rodeada por 11 pares de sapatilhas, finalmente alcanço Márcia Haydée, em seu camarim no Metropolitan Opera House, em Nova York, onde se apresentava em temporada retumbante. A dificuldade em conseguir esta entrevista já me deixava desanimada, tais as barreiras impostas por seu empresário. Mas, após uma semana de insistência, Márcia desfaz, com sua suavidade, toda a impressão de estrelismo que havia provocado.

— Detesto roupa, vivo em *blue jeans*, adoro comer de tudo, não gostaria de viver em cidade muito movimentada, me sinto mais européia que brasileira, sou contra o casamento, não tenho paciência para ter filhos, adoro minha família, tenho mania de plantas, durmo cedo e acordo cedo, gosto de música clássica e adoro ler biografias — *diz Márcia, quarenta anos de idade, desde os 14 fora do Brasil (quando foi morar sozinha em Londres para estudar no Royal Ballet, indo em seguida trabalhar com a companhia do marquês de Cuevas e, finalmente, depois de conhecer o sul-africano John Cranko, se transformar em sua primeira bailarina no Ballet de Stuttgart, por ele criado em 1961).*

— Comecei o balé quando tinha três anos de idade, no jardim de infância em Niterói, quando os professores tocavam música para as crianças fazerem exercício. Toda a minha infância no Brasil foi em conexão com o balé, que se foi tornando cada vez mais sério, até que acabei partindo para Londres. O convite surgiu porque a Bibi Ferreira, que naquela época havia feito um filme com o Michael Powell — ele foi o criador dos *Sapatinhos vermelhos* —, ligou para mamãe perguntando se ela poderia dar um jantar para ele, já que ela estava mudando de apartamento. No fim do jantar, ele me perguntou se eu gostaria de estudar com o Royal Ballet e isso sem me ver dançar, pois ele sabia por Bibi que eu tinha muito talento. Até então não havia pensado em ir para a Europa, embora já encarasse o balé de uma forma profissional e soubesse que era só isso o que queria fazer. Minha mãe disse: "Se você quer ser bailarina, tem que ir para um lugar onde o balé esteja se desenvolvendo muito." Bom, todo mundo pensou que minha mãe era maluca em me deixar partir sozinha, aos 14 anos. Mas fazer carreira de bailarina no Brasil é impossível, tendo-se apenas quatro ou cinco espetáculos por ano, sem se ver outros bailarinos, outras companhias.

Márcia tem apenas o curso ginasial, e mesmo assim tendo feito dois anos em um, para poder ir embora. Chegando a Londres, foi morar numa casa de estudantes e teve que aprender a cozinhar, lavar roupa, abrir conta em banco, usar caderneta de cheques, "tudo que sempre havia sido feito para mim em casa". Naquela época confessa que sentia saudades do Brasil, mas depois da temporada rodando mundo com o marquês de Cuevas e finalmente com o estágio em Stuttgart, Márcia já se sente a tal ponto desenraizada que, para ela, sua casa é "onde está a companhia".

Há 16 anos, mora com Richard Cragun, que é também seu partner.

— Nos encontramos em Stuttgart e um ano depois já estávamos juntos. Desde o princípio achei que, para minha carreira, não tinha necessidade alguma de casar. Sou contra o casamento e não tenho desejo nenhum de ter filhos. O Ricky é sete anos mais jovem que eu, e quando começamos ele tinha 17 anos e eu 24, imagina! Mas nunca tivemos problema de idade porque ele é muito maduro para a idade dele e eu sou mentalmente mais jovem que a minha. Ele é a pessoa certa para mim. Tenho o signo de Áries e ele o de Libra, e nos entendemos muito bem. Às vezes digo que os 16 anos que estamos juntos equivalem na verdade a 32, pois acordamos juntos, vamos trabalhar juntos, dançamos juntos, voltamos para casa juntos. Acho que é muito raro se encontrar um par que, tendo o mesmo trabalho profissionalmente, permaneça junto por tanto tempo. Tivemos nossos altos e baixos, mas tivemos vontade de continuar e acho que foi isso que fez tudo funcionar. Acho que agora não poderia acontecer nada que nos separasse: já passamos por todas as fases. Quando por acaso temos uma briga, nunca aconteceu de irmos dormir sem que a discussão tivesse sido resolvida. Isso de "você vai para um quarto que eu vou para o outro" nunca aconteceu. Também, nós conversamos muito. Às vezes ficamos até quatro da manhã sentados na cama falando, falando, falando. Acho que isso ajuda muito a relação de duas pessoas.

Richard Cragun é americano, mas também ele não se sente mais americano, já que saiu dos Estados Unidos com 15 anos de idade.

— Quanto a mim, não posso dizer que tenha uma nacionalidade, porque para nós a nossa casa é o teatro, é a companhia. Se a gente amanhã for para a China, é a China que vai ser o nosso lar. Não posso dizer que me sinta brasileira, me sinto até mais européia, mais alemã, porque lá passei mais tempo da minha vida que no Brasil. Não tenho saudade de feijão ou goiabada — gosto de comer comida brasileira tanto quanto gosto da chinesa ou da japonesa. Para mim, tanto faz; adoro comer de tudo. Não tenho problema de peso, nem faço dieta.

Márcia e Richard vão ao Brasil todo ano, por um mês. Lá, ficam em casa o maior tempo possível, descansando e curtindo a família, aceitando apenas os convites inevitáveis. Afora essa viagem anual, que funciona como um reencontro das raízes, Márcia não tem maiores ligações com o Brasil. No dia-a-dia fala alemão, inglês e francês. Richard, a quem Márcia não teve paciência de ensinar o português (que ele fala fluente e sem embaraço), antes de sua primeira viagem ao Brasil comprou discos com sotaque de Portugal e, depois de meses acordando às sete da manhã, acabou aprendendo a língua sozinho. Márcia acorda geralmente às sete e mesmo nas férias não consegue dormir até muito mais tarde. Começa a trabalhar às dez e vai até oito da noite, entre ensaios, intervalo para almoço e a papelada da diretoria da companhia, que assumiu há um ano e meio. De volta à casa, faz o jantar, vê televisão, cuida das suas plantas. Márcia adora cozinhar e geralmente nos Natais convida a companhia inteira para jantar.

— Nossa vida é muito em função do balé, mas ao mesmo tempo, uma vez que saímos do teatro, não falamos mais no assunto. É uma coisa que nem ele nem eu queremos.

Stuttgart é cidade pequena e de pouco movimento, mas Márcia gosta de viver lá, já que não gosta de cidades muito agitadas nem tem o hábito de ficar acordada até de madrugada.

— Detesto ir a festas ou a discotecas, mas, quando acontece de ir a alguma, eu o faço pelo Ricky, que adora. Gosto muito de *rock* — que não danço com a mesma *aisance* com que danço o balé —, mas prefiro música clássica porque relaxa mais. Adoro ir ao teatro, ao cinema, ver televisão, ler — especialmente biografias, e especificamente as de compositores. Mas durante a temporada não consigo ler mais que um parágrafo por noite, antes de dormir. Nas férias, então, leio muito.

Márcia e Richard costumam viajar muito, especialmente nos fins de semana mais longos. Vão de carro para a Suíça, a Itália, Portugal, Espanha, mas durante a temporada costumam sair para dançar em outras companhias.

Quando Richard Cragun entrou para o Ballet de Stuttgart, Márcia já era a primeira bailarina, tendo ele se desenvolvido lá para chegar à atual condição de primeiro bailarino. Márcia já era, com Cranko, a cabeça da companhia e, com a morte deste em 1973, seria natural que assumisse a direção, coisa que só fez dois anos mais tarde por não se sentir, na ocasião, emocionalmente preparada para assumir o cargo, "pois a morte dele foi um choque grande para mim".

— Quando estou dançando sempre acho que posso melhorar e me corrigir, mas essa temporada tem sido a melhor que já tive, talvez porque tenha assumido a direção da companhia e, com isso, me desligo mais de mim mesma. Como não estou preocupada com meu próprio sucesso, danço mais relaxada e o público sente isso. Às vezes o nervosismo corta o talento natural da pessoa.

"Hoje me sinto feliz, mas na verdade sempre me senti feliz, mesmo quando estava na última fileira do corpo de baile, sem dançar nada porque estava gorda e porque não tinha oportunidades. Para mim, entrar num palco, sentar num camarim, assistir à aula, sempre foi motivo de felicidade, porque estava no meio em que queria. Não que eu sempre tivesse pensado 'meu Deus, eu quero um dia me tornar a maior bailarina do mundo'. Queria apenas dançar. Aconteceu de eu encontrar o Cranko, que me desenvolveu, me deu balés que me fizeram me tornar cada vez melhor. Não que eu quisesse me tornar uma grande estrela — simplesmente, gosto de dançar."

A NOVELA POR TRÁS DAS CÂMARAS OU DE COMO EXPLORAR O SENTIMENTALISMO
Jornal do Brasil, 04/05/1968

DE REPENTE NASCEU UMA MANIA — A NOVELA. TOMOU CONTA DE TODOS E praticamente não há casa cuja televisão, entre as oito e as dez da noite, não esteja sintonizada num xeque qualquer. O que elas contam são verdadeiros dramas misturados a cenas de uma pieguice total. No entanto, as massas vibram e elas aparecem com força redobrada. O telespectador sofre, se angustia, se contorce de aflição e nasce daí mais um vilão. E, quanto mais se desespera, mais prazer encontra. O povo gosta de sofrer? Novela é uma catarse? Novela é fuga? Por que os personagens de papel? Novela é um problema sociológico? Ou será psicológico?

— A única função da novela é entreter. Porque se pensamos fazer algo de caráter mais elevado, corremos o risco de não sermos nem elevados nem atingir as grandes massas. Quem quer ver uma coisa de arte realizar-se deve fazê-la sem concessões. Novela é comercial, e não intelectual.

"Tenho necessidade de atingir a massa, e a responsabilidade de manter o índice do ibope. Mas não se trata só de preferência; se eu realmente fosse uma intelectual, não estaria escrevendo novelas. Acontece, porém, que não me considero capacitada para fazer uma coisa de outro tipo.

"Acho que a pessoa que está consciente de suas limitações e as aceita pode realizar-se perfeitamente dentro de um nível mais modesto. Admiro todos os que podem fazer uma coisa de qualidade, mas não os invejo porque estou consciente de que não posso competir nesse campo. Isso não dá frustração; é uma realidade. É só uma questão de estar em paz consigo mesma."

(Glória Magadan, autora de O xeque de Agadir, A sombra de Rebeca, A rainha louca, O homem proibido *e da adaptação à televisão brasileira de* Eu compro essa mulher*). Exilada cubana, ex-supervisora da Colgate-Palmolive para programas de rádio e tevê na América Latina, Glória Magadan morria de saudade de sua terra "até encontrar o povo brasileiro, de temperamento tão parecido com o meu. Foi um caso de amor à primeira vista". Ela havia deixado Cuba logo após a subida de Fidel Castro.*

— Saí de Cuba porque existe um senhor chamado Fidel Castro e cada pessoa tem uma filosofia de vida. Eu nasci e me eduquei num mundo que, embora possa ter seus defeitos, é o que eu prefiro. Não podia concordar principalmente com um ponto — eu me acostumei a pensar, bem ou mal, com a minha cabeça, assumindo a responsabilidade de meus atos e pensamentos. E isso entrava em choque com um regime que exige uma disciplina total e absoluta e onde o indivíduo não conta como indivíduo. Estava muito velha para mudar de maneira de pensar e há certos hábitos que não podem nunca ser modificados. É uma questão de princípios. E também a minha profissão em um Estado desse tipo não tem muita razão de ser. Então, o que me restava? Ou me submetia ou emigrava para continuar a ser eu mesma. Nisso sou um pouco sartriana — assumo totalmente a responsabilidade de meus atos.

Decidiu ficar no Brasil, abandonou o emprego que a fazia viajar e virou novelista.

— Acho que para escrever novela deve-se ter a chavinha do ofício. Mas ninguém tem garantia de sucesso. Novela para mim funciona como escape e honestamente não pretendo outra coisa. Às vezes ela funciona um pouco como catarse da gente, quando deixamos escapar algumas emoções que temos presas. É como nos contos infantis. As crianças nascem com certas emoções, a agressividade, por exemplo, e as libertam lendo a história do Barba Azul ou se identificando com a madrasta da Branca de Neve. Porque qualquer pessoa tem sonhos na vida, e quando eles tocam a realidade passam a ser cotidianos. Toda moça sonha com um príncipe encantado, e esse homem ideal eu retrato em minhas novelas. Então ele passa a ser um sonho cristalizado, mas que não faz parte do dia-a-dia, está sempre de bom humor, é sempre bonito. Não há homem que fale como os homens de minhas novelas. O sonho realizado sempre sofre na vida real.

Glória Magadan mudou muito o seu modo de pensar depois que saiu da Colgate-Palmolive:

— Era uma empresa que só vendia para a mulher e a programação era forçosamente melosa, água com açúcar. Hoje, procuro atingir o homem com o suspense e o mistério.

ROTEIRO DE UMA NOVELA

A novela nasce de um roteiro geral muito esquemático, onde o que tem maior destaque são os personagens, seus objetivos e sua caracterização psicológica. As idéias podem nascer dos mais variados assuntos.

— Ouço, por exemplo, uma música italiana e penso no temperamento do italiano, e daí nasce um personagem apaixonado.

Depois de delineados os personagens, a primeira providência é colocá-los em conflito. Assim, se existe alguém ambicioso, não faltará quem se oponha a essa ambição.

— Toda novela que se preze deve ter um ele e uma ela e mais outro ele e outra ela que vivem atrapalhando a vida dessa gente. Procuro sempre colocar um personagem engraçado que suavize um pouco as cenas muito tristes ou de suspense. O público está agradecendo muito isso. Geralmente coloco alguma subtrama, que não me daria material suficiente para uma novela completa, mas que me enriquece. Isso como elemento humano. Na parte de cenários, existem sempre uma masmorra, subterrâneos, calabouços, hospitais, tavernas, saídas secretas. Isso funciona à beça, assim como qualquer outro tipo de cenografia que se apitoresque e dê movimentação e colorido.

Mas nem só de tipos vive uma novela. Há certos sentimentos cuja presença é obrigatória para dar mais autenticidade à trama.

— Existe sempre o amor e seu colateral, o ódio; a ambição e um grande segredo, que muitas vezes nem eu mesma sei em que consiste.

E não pode jamais faltar o personagem humano, menos de papelão e mais reconhecível. "Mas só para dar matiz."

A idéia geral da novela é traçada, mas os capítulos são escritos gradativamente, de acordo com a aceitação por parte do público.

— Meu grande colaborador é o público. Vou pesquisando e tomando o seu pulso, e se sinto que ele não está gostando de um personagem ou de uma situação, simplesmente os elimino. E se acredito que ele vai gostar que aconteça algo que não estava previsto, faço com que aconteça. Acho que chego ao pulso do público pelo hábito de visitar gente.

O índice do ibope de reação do público chega diariamente às mãos de Glória Magadan, e se ele marca uma tendência a descer a audiência da novela ou mesmo se se planeja fazer algo diferente ou atrevido em que não se pode prever a reação do público, é imperativa a investigação. A providência imediata é a visita indiscriminada às pessoas.

— Vou sempre entre as nove e as onze e meia da manhã porque nessa hora a dona-de-casa já fez o café e está no intervalo para o almoço, já descansada. Não me identifico porque senão a pessoa já não fala o que realmente sente porque tem vergonha. Minha tática: chego dizendo que estou fazendo uma pesquisa e que gostaria de saber se a pessoa assiste à novela, qual a que está acompanhando, o que acha dos personagens. As pessoas comumente tomam um partido, torcendo por uns personagens e detestando outros. Pergunto principalmente quais as coisas ruins que encontram na novela, para que da próxima vez eu escreva as coisas o mais claro possível, de modo a não despertar dúvidas.

Mas com dúvidas ou sem dúvidas, o mais importante no público é o seu sentido de moral coletiva.

— Em ficção, nada pode ir contra ela. Comecei *A rainha louca* com um casal de imperadores e pintei um cortesão apaixonado pela imperatriz. O público não pôde admitir esse amor, pois ela era uma mulher casada e o adultério feminino não é de modo algum permitido. Tive que mudar toda a trama, quase a 180 graus. Percebi através de pesquisas que o público não admitia essa possibilidade.

O fim de cada capítulo deve ser de impacto. Assim, existe sempre um personagem que acaba caindo no poço.

— Como vou tirá-lo de lá, eu não sei, resolvo no próximo capítulo. Mas o importante é que ele caia.

Depois de meses e meses de desespero e sofrimento, a novela chega ao fim.

— Nunca resolvo todos os problemas num só capítulo porque, depois de tanta angústia, um só dia de paz e sossego me parece pouco.

A influência do público na orientação da novela é tão grande que uma personagem, com quem o público se identificava e não gostava de ver interferindo nos problemas de um casal, passou de repente a papel de vítima, sofrendo de terríveis traumas psíquicos.

— O público gosta de ver as pessoas sofrerem, mas quer sempre vê-las felizes no final.

E até o final é o próprio público que determina.

— Desse pulso que tomo do público é que noto quando chegou o ponto de saturação.

Os finais apoteóticos são, óbvia e invariavelmente, de dois tipos: O happy end e o final infeliz, "como no caso de Rebeca, em que matei a protagonista. Foi uma experiência bastante atrevida, porque em geral o público quer é ver as pessoas felizes".

A RESPONSABILIDADE DA FUGA

Salvo raríssimas exceções, Glória Magadan não perde um capítulo de suas novelas, "porque senão perde-se o seu sentido total, uma vez que os capítulos são escritos e encenados um a um".

— Às vezes fico com muita raiva quando noto que poderia ter modificado um capítulo ou escrito o diálogo de outra maneira.

Glória Magadan não foi a única cubana a se revelar na arte de escrever novelas. Felix Gaignet, o autor de O direito de nascer, *foi, pode-se dizer, um estouro de bilheteria.*

— Nós, cubanos, fizemos a indústria disso.

Mas, apesar disso, novela não é literatura.

— Se eu pensasse que faço literatura, estaria fracassada. Estou consciente de que não a faço. E uma das melhores maneiras de manter-me na terra é o diálogo comigo mesma.

Mesmo de pés na terra, Glória Magadan acha que precisamos escapar, fugir da realidade.

— E a novela apresenta uma variedade enorme de assuntos. Os personagens todos variam. Cada vez que mudamos de novela, ficamos tremendo sem saber como ela vai ser recebida pelo público. Se ele começa a gostar, ficamos com medo de que enjoe. Isso é um negócio ótimo para fabricante de tranqüilizante. Todo esse sucesso que temos tido vem do medo. Tenho um medo pavoroso, enorme, de frustrar essa gente. E é essa inquietude que provoca um maior esforço.

VILMA, UMA GUIMARÃES ROSA
O Estado de S. Paulo, 14/10/1967

O SOBRENOME ILUSTRE NÃO PREOCUPA VILMA GUIMARÃES ROSA, FILHA DE João, considerado um dos mais importantes escritores brasileiros. E nem a influência, ela diz, nas vésperas do lançamento de seu primeiro livro (Acontecências) pela José Olympio Editora. Os estilos literários de pai e filha são completamente diferentes, garante Vilma, explicando que qualquer semelhança é apenas coincidência.
Cabelos louros meio ondulados, olhos esverdeados, a pele bronzeada, Vilma lembra o pai — o escritor-diplomata João Guimarães Rosa. Seu rosto dá a impressão de ser oval, mas na verdade é quadrado; não parece, mas é alta e magra. Apesar disso, faz regime para emagrecer e só almoça uma coalhada. Por isso não tem empregada — quase sempre janta fora e passa grande parte do tempo viajando: "Quando não estou na Europa, estou nos Estados Unidos." Quase todos os fins de semana, Vilma e o marido, Peter Reeves — um inglês alto e forte —, saem no seu veleiro Cangrejo ou na sua lancha Vilminha. E é no mar que Vilma encontra inspiração para escrever.

— Um dia eu estava conversando com meu marido. Interessante como acontecem coisas no mar e o povo do lado de cá às vezes passa a vida sem conhecer, sem saber, são assim acontecências... Aí parei e disse: *Acontecências*. O título do meu livro vai ser *Acontecências*. Meu marido vibrou e disse: *Acontecências*. E aí começou a operação-acontecências. Porque todo mundo dizia: Hum, parece

Guimarães Rosa. E vai ver que vão pensar que ele sugeriu, que ele inventou. Mas aí emerge a minha honestidade: fui eu quem inventou o título. Então bolas pra quem achar que foi meu pai. E, no final das contas, eu também sou Guimarães Rosa — por que não posso inventar um título bom? Inclusive, meu pai disse: "Olha, eu acho que está parecido comigo." Talvez ele tenha caído em si e visto que escapou dele uma boa palavra. Eu disse: "Vai ser." "Mas você não tem medo?", ele perguntou. "Ah, não tenho", respondi. Uma coisa que eu não sinto é medo quando eu sei que a razão está comigo. Então eles decidiram, meu pai e meu marido, que seria *Acontecências*.

Vilma acha que fala demais. É muito simpática e muito alegre. Não parece ter grandes problemas, ou pelo menos parece não fazer dos problemas um problema. É de uma naturalidade total, as palavras saem espontâneas, o riso vem fácil. Tem uma enorme admiração pelo pai e fica feliz por ter herdado dele a vontade de escrever.

— Mas isso eu não chamo de influência, isso é um estímulo. Eu até faço questão de ter um estilo independente, de não copiá-lo, embora inconscientemente eu tenha... às vezes, quando eu leio o que escrevo, sinto que há qualquer coisa do estilo rosiano — mas não assim de ponta a ponta. O meu estilo é completamente diferente. Mas como eu procuro fugir do lugar-comum nas frases e nas expressões — e o papai é completamente fora do comum —, sempre há assim uma coisinha do estilo rosiano. Mas não que eu tenha vontade de imitá-lo ou que eu sofra uma influência direta. Isso não, absolutamente.

Vilma escreve desde pequena, quando "bolava histórias mirabolantes, histórias assim todas influenciadas pelo Fantasma da ópera, *pelos filmes que eu via, pelos livros que eu lia. Então eu tive a minha fase de escrever livros infantis, depois eram livros dramáticos. Eu sempre gostei de escrever, sempre gostei muito".*

Seu grande sonho era escrever um livro — "eu me sinto como se fosse ter um filho". Vilma tem dois filhos, João Emílio e Laura Beatriz, a quem dedicou seu livro porque "eles são realmente as duas acontecências maravilhosas da minha vida. Eu não posso me queixar, tive outras muito boas, mas acho que maravilhosas mesmo são eles dois. E agora vem a terceira, que é o meu livro."
O sucesso literário de Guimarães Rosa não a influencia, mas a ajuda. Quando lhe perguntam como ela se sente sendo sua filha, diz que se sente "felicíssima".

— Deus não podia ter-me dado um melhor pai. Já imaginou se eu fosse filha de um homem que não me entendesse nessa parte literária? Ele me entende, nós temos muita afinidade. Eu me sinto muito orgulhosa do nome dele e sempre que leio alguma crítica sobre ele fico entusiasmada, recorto, lidero o fã-clube Guimarães Rosa. Acho que até sou grata a ele por ter me dado um nome tão bonito e que vai me ajudar. Mas eu quero ser Vilma, antes de ser Guimarães Rosa — mas também Guimarães Rosa. Eu devo conservar a autenticidade. Se fosse publicar esse livro apenas para aproveitar o nome do meu pai, por uma vaidade, isso seria o fracasso total. Porque pra escrever é preciso ter muita vocação. E eu sei que eu tenho, que eu gosto, que eu preciso escrever.

Vilma se sente inspirada nas horas mais imprevistas. Às vezes, está jantando fora e, se não consegue tomar nota do que imaginar, decora e depois escreve quando chega em casa.

— Nunca fui educada pra ser escritora. Papai achava a maior graça nas bobagens que eu escrevia. Em Paris, todas as noites, antes de dormir, ele me chamava e me mandava contar umas histórias. Quando eu não tinha mais material, porque eu imaginava as histórias, eu contava filmes. Às vezes ele adormecia e eu ficava uma fera. Então nós combinamos que ele ia colocar o dedo em pé, porque adormecendo o dedo naturalmente cairia. Quando o dedo começava a cair eu dava um berro. Ele sempre achou que, se eu tenho vocação pra escrever, eu devo escrever, mas nunca me forçou. Uma vez, em Paris, seis meses depois da nossa chegada, ele me chamou e me perguntou: "Quantos livros você já leu desde que chegou?" Aí eu tive a coragem de dizer que não tinha lido nada. Ele ficou horrorizado: "Seis meses e não leu." Então eu disse: "Olha, papai, eu só consegui ler até agora *O pequeno príncipe*, porque era fininho e lindo. Mas me sentar num quarto pra ler quando tem Paris inteira pra eu descobrir? E aposto como você, apesar de ter lido muito, não conhece isso, e isso, e isso." E citei um número enorme de lugares interessantes e museus pitorescos que eu andava procurando. Papai acha muito importante a leitura — aliás, pra escrever bem é preciso ler muito.

Acabado o seu livro, Vilma tirou umas feriasinhas pra ler. ("Porque gosto muito de ler, mas, se começo a escrever, eu me absorvo de tal modo que não leio. Porque no meu tempo vago eu vou instintivamente escrever.") Agora ela está lendo três livros ao mesmo tempo: "Estou acabando Tutaméia, *que é o último livro do papai e que precisa ser lido com muita atenção e que requer muita tranqüilidade — é um livro para certos momentos. Em outros momentos estou lendo uma novela ioga muito interessante e o livro da Maria Helena Cardoso,* Por onde andou meu coração. *Quando acabar de ler os três, pretendo começar meu novo livro, que já está em esboço."*

Vilma adora o mar, que escolheu como tema de Acontecências: *"Eu nasci em Minas, e em Minas não tem mar. Quando eu descobri o mar, fiquei maravilhada. Mas as minhas experiências com ele se limitavam a idas e vindas a Niterói ou à ilha de Paquetá na barca da Cantareira. Esses eram os meus melhores passeios, em que eu ficava inspirada. Agora me divido entre o veleiro e a lancha e lá me inspiro barbaramente."*

Como principiante e pouco entendida em matéria de publicar livros, na hora de passar a limpo, Vilma não fez cópia. Passou direto, mas foi modificando. "Papai me disse que o escritor nunca deve entregar as obras dele para serem datilografadas por um secretário, porque no último minuto você ainda modifica." De suas frases, Vilma tem algumas que prefere a outras: "Nós, que escrevemos, gostamos sempre mais de determinadas coisas. Outras, gostamos. É muito difícil você não gostar de uma coisa que você escreveu, porque você rasga logo e não fica. O primeiro impulso é destruir aquilo que você não gostou. Minhas obras literárias estão todas enfiadas num gavetão."

Vilma conta que é fã de William Holden: "Há uns cinco anos, eu ia para Copenhague e li que ele estava filmando em Paris. Dei logo um jeitinho de passar uns dias por lá. Em minha última tarde disponível, estava marcado em meu caderninho: ou uma última visita ao Louvre ou ver o William Holden. Então eu pensei bem e com a maior honestidade — que eu acho que a pessoa tem que ser muito honesta consigo mesma; para uso interno também é muito importante — eu fiz o que eu queria fazer, mesmo sem saber se era a medida mais inteligente. Fui pro set de filmagem e vibrei. Passei uma tarde notável. Fingi que era jornalista e entrevistei o William Holden, pedi retrato, vi ele de perto. Saí de lá realizada. Olhei pro Louvre de esguelha, com um pouco de remorso, e pensei: bom, meu caro, você fica para a próxima vez. Aí eu voltei pro Brasil e contei pro papai, ele achou uma delícia e espalhou para todo mundo — inclusive a tal entrevista no meu inglês jeca de mineira. Foi formidável."

PARA DINAH, TEMPO NÃO É PROBLEMA
Jornal do Brasil, 17/01/1970

TENDO ACABADO DE COMPLETAR TRINTA ANOS DE ATIVIDADE LITERÁRIA, Dinah Silveira de Queiroz confessa que, aos 15 anos, gostaria de ter sido artista de cinema. Mulher ativa, ela encontra tempo para as suas oito crônicas semanais e mais os seus romances. Segundo ela, "quando a gente gosta de escrever, tempo não é problema: se for preciso, a gente o inventa". Para ela, a sociedade conjugal vai mudar tanto no correr dos tempos que, dentro de várias gerações, o matriarcado acabará por ressurgir. Mas, mesmo assim, ela acredita que, no casal, a "cabeça" ainda é o homem.
Em 1939 ela lançava seu primeiro livro — Floradas na serra. A partir dele, uma sucessão de lançamentos, da ficção histórica à científica.

— Quando comecei, escrevendo *Floradas na serra*, não tinha idéia de que me embrenhava num compromisso muito sério, mas tive a surpresa de ver meu livro esgotado em vinte dias. Um sucesso talvez pelo fato de que, naquele tempo, imperava a chamada literatura nordestina. *Floradas na serra* era um romancezinho lírico, de uma jovem que falava da morte e do amor, e tudo isso que enternece hoje na canção, porque a canção representa um pouco a sede de lirismo que o povo brasileiro tem. Então, embora o livro fosse de uma estreante, representava o painel de uma época e uma crônica de um tempo em que a tuberculose era uma fatalidade. Acabei me tornando, de um dia para outro, uma escritora profissional, e isso me obrigou a um rumo totalmente diferente na minha vida, porque meu compromisso começou aí.

Mas Dinah nem sempre pensou em ser escritora:

— Quando tinha 15 anos, com 1,67m e 47 quilos — imagina como eu era magra —, eu queria ser artista de cinema, como todas as meninas desejam. Mas acabei entrando pelo cinema, muito mais tarde, com a estupenda Cacilda Becker vivendo *Floradas na serra*.

Há algum tempo, numa entrevista, Dinah teria dito que admite a superioridade masculina.

— Talvez eu estivesse impressionada com o que disse a Simone de Beauvoir: "A única maneira que a mulher tem para sentir, em si mesma, um ser superior, é voltar ao leito de solteira." Entre dois, um homem e uma mulher, a superioridade social e na convivência é sempre do homem, embora a mulher possa ser uma mulher ilustre, um ser privilegiado. Mas entre marido e mulher, quando a vida segue o seu curso normal, é naturalmente o homem a cabeça do casal — não digo uma superioridade no ser humano, mas uma superioridade social, que a própria mulher aceita.

Com base nisso, Dinah afirmou certa vez que "ainda há, na Academia, um preconceito do segundo sexo. Eles ainda encaram o homem como um ser superior, mas uma corrente já admite o ingresso da mulher na imortalidade".

— Eu acho que uma mulher que escreve e que trabalha, como eu, durante trinta anos, que se dá com seriedade ao seu esforço de escrever, de pensar e de viver para o seu público, tem o legítimo direito de aspirar à Academia. Mas o problema não é da mulher, é dos homens que estão lá. Eu sempre digo que foi muito pior para a Academia ter perdido uma Cecília Meireles na sua convivência do que, para Cecília, foi o fato de ela não ter entrado para lá. Ela foi tão grande e tão importante que isso certamente não teve nenhuma importância na sua vida.

Praticamente a pioneira da ficção científica no Brasil, Dinah afirmou certa ocasião que "ela é a fábula de hoje. Trocamos as fadas madrinhas por saturninos e marcianos. Além disso, é a única literatura que tem mensagem". Dentro dessa linha, saíram Eles herdarão a Terra e Comba Malina. Mas antes de Comba Malina, Verão dos infiéis, que trata do cotidiano da realidade brasileira. Com esse livro, houve toda uma implicação de passado e futuro.

— Exatamente pelo fato de fazer crônica diária, eu negligenciava um pouco o romance do Rio, e me entreguei inteiramente a esse livro quando estava fora do Brasil, o que prova que, às vezes, a distância dá ao criador a necessidade de se aproximar, através de tipos, de personagens e de enredos, das vivências que ele teve. Com esse livro, eu me reconciliei com o tempo presente. Faço oito crônicas por semana — sete para a Rádio Nacional e o *Jornal do Commercio* e uma para a Rádio Ministério da Educação — e isso me dava um tal entrosamento na realidade cotidiana do Brasil que eu tinha as minhas escapadas — para o romance histórico, quer dizer, para o passado; e para o futuro, através da ficção científica. Naquele tempo, eu estava no Rio, cercada de todos esses problemas, mas me distanciando um pouquinho eu consegui aprender a realidade brasileira do momento através de um livro feito em Roma. Se eu não tivesse tido essa saída, talvez escrevesse mais um livro de ficção científica ou mais um romance histórico. Você vê como os cronistas em geral não fazem romances... O Rubem Braga, por exemplo, faria um lindíssimo romance, se ele quisesse. Um romancista da vida diária geralmente não cria um romance integral.

Depois de Verão dos infiéis, *novamente a ficção científica:* Comba Malina.

— O que procuro, na ficção científica, é observar no ser humano — como um médico pode observar os sinais de uma doença em progresso, ou como o ser adulto aprecia na criança o seu desenvolvimento natural — as tendências, principalmente as sociais, que farão dele o homem do futuro. Procuro ver, por exemplo, como está se desenvolvendo o casamento, desde que eu era menina até os dias de hoje. Como se desenvolvem as relações da Igreja — sou católica praticante, mas devo confessar que atualmente tenho tido muitas decepções com a falta de mistério, com o qual estava tão bem entrosada e que muitos padres acham necessário fazer desaparecer. Acho que, pelo contrário, as pessoas têm necessidade do mistério, para uma nova dimensão. Portanto, me aprofundando no homem e na maneira sua de ser, na maneira pela qual as nações caminham, em como era escandaloso antigamente certo costume, como hoje ele já é tolerado e como amanhã ele pode ser inteiramente adotado, eu procuro fazer a minha ficção científica, extraída da observação do ser humano no dia de hoje e no dia de ontem.

"É como fiz no conto 'O céu anterior', onde havia, num observatório do ano 3600 e tantos, o céu do passado e, por meio de estudos matemáticos e pesquisas profundas, o astrônomo chegava a saber perfeitamente onde estava a órbita de tal astro naquele ano; depois juntava a soma com o céu do presente para saber qual seria o céu do futuro. Então, é isso o que eu faço: estudo o que vivemos e o que foi vivido para, através disso, poder ter uma média do que virá a acontecer no mundo. Não é assim tão complicado.

"E não é nada difícil escrever, porque é a mais fascinante de todas as criações. É onde o autor se sente mais livre e no domínio completo de um mundo onde só ele tem entrada."

— *Já que o assunto é o futuro, caberia saber como seriam os homens. Humanos?*

— Olha, o Fausto Cunha disse uma vez que os marcianos somos nós. Nós sempre procuramos colocar os nossos defeitos, aumentados ou caricaturados, e as nossas virtudes, muitas vezes engrandecidas, nessas fábulas. O importante para mim na ficção científica é muito menos a ciência do que a experiência social. A ficção científica trata principalmente da condição humana e das suas implicações com as novas técnicas. É o homem que interessa, muito mais do que os inventos. Por exemplo, em se tratando de mulher: nós tivemos a mulher antes e depois da pílula e existe alguma diferença social muito pronunciada que todos nós acompanhamos nessa década. Nós teremos, em breve, a mãe de um filho de laboratório, uma criança que não foi gerada no seu ventre, mas que lhe pertence. Então, como serão as relações entre uma mãe, que não concebeu o filho no sofrimento, e a criança? Será que o sentimento da maternidade continuará tão forte? Todas essas perguntas afluem, são resolvidas nos enredos e fazem do escritor de ficção científica uma atração porque nós todos temos um pouco de desejo de ver o futuro.

Mas mesmo assim a ficção não parece que vá se tornar um estilo definitivo na literatura de Dinah.

— Tenho já planejado um romance de ficção científica, cujo nome eu já escolhi — *Vila d'Argento* —, e tenho vontade de fazer um bom romance de amor. Por que o amor deve ser um tabu entre nós? Os romancistas têm medo dele nos seus romances, eu não sei por quê. Para o público, há duas grandes atrações: o amor e a morte. De modo que vou procurar fazer um romance bem escrito sobre o amor, porque ele ainda é o grande tema de todos os tempos.

BIBI AO VIVO
Revista Manchete, novembro de 1967

ELA ACABA DE VOLTAR DA EUROPA E DOS ESTADOS UNIDOS, ONDE VIU *muito teatro, e agora vai dar nova forma ao seu programa de tevê sem se valer dos recursos da gravação.*

Bibi Ferreira me esperava numa das salas de produção da televisão. Comia uma maçã aos pouquinhos — era o seu almoço. Está em constante dieta. Mastiga até um chiclete especial de tirar a fome. É a pontualidade em pessoa, o dia inteirinho cronometrado para que caibam todos os compromissos. Até o telefonema combinado foi na hora exata, sem um minuto a mais ou a menos. Fala com muita segurança e uma enorme simpatia. Não se incomoda com as outras pessoas na sala, inclusive um contínuo que varria o chão. Os olhos são puxados ("não é plástica, não") e estavam muito bem pintados.

Ela acaba de chegar da Inglaterra, onde foi a representante do Brasil na "maior comitiva que já se fez na história do cinema para a estréia de um filme". A fita era *Longe desse insensato mundo*, de John Schlesinger, com Terence Stamp e Julie Christie, ambos entrevistados para o seu programa de televisão.

— Foram convidados 256 jornalistas de todas as partes do mundo e, embora eu não seja jornalista, creio que o meu convite tenha sido por causa da projeção do meu programa de tevê. Quando a Metro telefonou, eu até pensei que era brincadeira. A mamãe chegou e disse: "Bibi, da Metro Goldwin Mayer, querem falar com você." Pensei num trote. De quem seria a gracinha? Com certeza, era algum "dr. Leão" querendo falar comigo. Mas era verdade.

Não foi a primeira viagem de Bibi a Londres. Anos atrás, ela ali estudou arte dramática e direção.

— E depois, ir a Londres e não ver a turma toda? Fiquei lá algum tempo, voltei por Lisboa, onde tenho muitos amigos, e em seguida Nova York — para ver bastante teatro. É brutal o movimento teatral lá fora. O teatro é uma coisa muito importante na vida daquela gente. E tem aquela coisa bonita das pessoas se arrumando para ir ao teatro. Além disso, que espetáculos esplêndidos! Que orquestras para acompanhar os musicais! Que beleza! Que coisa divina!

Terence Stamp gostou muito dos seus olhos e perguntou se no Brasil todas as mulheres tinham olhos tão estranhos. — "São mais estranhos ainda." — "Então, se algum dia eu for parar no Rio, você vai me apresentar todas elas." *De Julie Christie, disse que é muito simpática e muito simples* — "mesmo depois do sucesso, continua sem carro e sem empregada". *Ela volta a falar da sua viagem, dos espetáculos a que assistiu.*

— Acho que o espetáculo que mais me encantou foi *Fiddler on the Roof*, um musical baseado nas histórias do famoso escritor judeu Scholem Aleichem. A peça se passa numa cidadezinha do interior da Rússia, no tempo do czar, e tem como principal personagem um leiteiro de sabor folclórico, Túvia, pai de cinco filhas. Assisti a este espetáculo primeiro em Londres, depois em Nova York. O da Broadway é melhor — a coreografia de Jerome Robbins (o homem de *West Side Story*) estava mais bem dançada, os atores pareciam ter mais garra. E o Túvia americano, um ator chamado Herschel Bernardi, representava tão bem, tratava as filhas com tanto carinho que eu, na platéia, tinha vontade de ser uma delas. Gostei muito, também, de *Man of La Mancha*. É um musical diferente, inteligentíssimo. Seus autores misturaram Cervantes e Dom

Quixote num só personagem. O principal intérprete, o Quixote, é um homem de 1,90m, um ator fantástico, com uma voz espetacular. E a Dulcinéia? Ah, que coisa maravilhosa! Ainda na Broadway, uma surpresa agradável: Angela Lansbury em *Mame*, uma versão musical da conhecida peça *Auntie Mame*. Ela está dançando sensacionalmente. Sabe o que acontece, em Nova York, quando a gente vai assistir a uma peça? O prédio em si do teatro, a arquitetura do interior, quase que nos predispõem a gostar do espetáculo. Eu adoro aquela luzinha cor-de-rosa de antes do pano subir, as mulheres vendendo programas e apontando os lugares, o bar movimentado — e uma espécie de ritual que cria uma atmosfera única e agradável. O teatro brasileiro em relação ao de lá? Muito bom, muito bom, tanto em atores como em diretores. Quanto às peças, não. Nós nos padronizamos quase que num só tipo de espetáculo e em Londres e Nova York há de tudo. Os atores ingleses dão a impressão de serem estandardizados na sua maneira de representar. Mas isso é o resultado da fabulosa escola que eles têm, enquanto nós não temos nenhuma. Tanto que, por exemplo, até hoje, ainda se discute a questão da prosódia no teatro brasileiro.

Bibi é animada e vibrante, declara-se cheia de vida e otimista. Não faz nada sem elã. Acha que a operação no nariz não mudou seu comportamento:

— Eu deveria ter feito essa plástica antes, porque todo mundo diz que melhorou. Mas nunca liguei muito para negócio de beleza, prefiro que digam que estou magrinha. Podem me chamar de burra, do que quiserem, mas não me chamem de gorda. Profissionalmente, a operação foi ótima, porque hoje eu fotografo muito melhor. Poderia ter me operado há mais tempo, mas cada vez que eu fazia uma coisa bonita perguntava: por que vou mexer no meu nariz, se com ele já fiz *My Fair Lady*, fiz cinco anos de sucesso em Portugal, um filme na Inglaterra e um diploma com honras na melhor escola de arte dramática inglesa? Por que reclamar do meu nariz, me conta? Uma pessoa que nunca alcançou nada na vida pode botar a culpa no nariz. Eu, não, muito pelo contrário.

Bibi Ferreira acredita que todo mundo tem mais de uma personalidade, que as pessoas não são totalmente sinceras e muitas vezes enganam a si próprias. Diz que representa mais na vida do que no teatro:

— Acho mais difícil representar fora do que no palco. O papel é duro porque é de improviso. E vem aquela cena de repente, e você não sabe se é o fim do ato ou o fim da peça.

Ela tem três personalidades distintas, cada uma com um nome: a Abigail, a Bibi e a Claudina. A primeira é a sensata, a segunda é a vedete, a terceira é a criança:

— Eu sempre digo que temos muita gente dentro de nós e, se não fazemos personagens com voz e tudo, é porque nem todo mundo é artista e sabe mudar a voz. E eu, como sou e tenho essa coisa maravilhosa que Deus me deu, posso falar na gama que quiser. E então brinco com minha voz e faço as personagens.

E Bibi me fala como se fosse cada uma das suas personalidades:

— Eu sou a Abigail. Adoro ficar em casa, tranqüila, e não admito que a televisão esteja ligada na hora das refeições. Faço planos para onde a família deve passar o Natal e o Ano-Novo e sou eu que verifico se a Teresa Cristina (a filha da Bibi) não se excedeu ao comprar mais um disco dos Beatles. Sou uma doméstico-burguesa e, não tivesse a Bibi resolvido ser artista, teria hoje uns sete ou oito filhos, teria casado cedíssimo e estaria sem preocupações de dieta, fazendo com que o grande prazer da casa fosse a boa mesa. Não ligaria muito para roupa, muito menos para moda, pois estaria mais preocupada com a mesa. Talvez até escrevesse um livro sobre culinária, rivalizando com minha amiga Mirtes Paranhos. Não deixaria que meus filhos abusassem do telefone e fizessem outras coisinhas que a Bibi deixa passar com a Teresa Cristina. Meu marido, é óbvio, teria muitos irmãos e irmãs, a fim de que eu tivesse dúzias de sobrinhos e passasse o ano envolvida com festas de aniversário, primeira comunhão, nascimento e formaturas.

"Meu nome é Bibi e acho horrível quando me chamam de vedete. Acho horríveis umas tantas outras palavras, como 'autêntico' e 'superado'. Por ser muito exigente com a carreira — acho mais difícil fazer carreira do que ter talento — não tenho tempo para os desejos da Abigail. Vivo em constante dieta, trabalho muito e, como se diz na linguagem teatral, mambembei tanto pelo Brasil (pois esse era o meu sustento) que não poderia ter tido os sete ou oito filhos nessas condições. Ao contrário da Abigail, que queria a casa, sempre levei a casa às costas. Minha casa eram as malas e os cenários; meus filhos eram meus personagens. Fiz todos os gêneros de teatro até hoje, cinema, rádio e televisão, também dirigi e escrevi teatro. Minha vida é só carreira. O curioso é que, se eu fosse a Abigail, gostaria de freqüentar festas. No entanto, não gosto. Sabe por quê? Porque as perguntas são sempre as mesmas. Se eu fosse americana, faria uma estatística; mas como não sou, não sei dizer quantas perguntas idênticas eu respondo em cada festa. Continuo estudando, porque sou mulher de carreira, e já estou caminhando para ser mulher de negócios: tenho um escritório chamado Bibi Ferreira Produções Artísticas Ltda. — coisa que a Abigail jamais pensaria em ter. Tenho alguma coisa da Abigail, assim mesmo: não sou vaidosa e não ligo para trapos. Em compensação, só gosto de jóia antiga.

"Eu sou a Claudina, aquela que realmente liga a Bibi à Abigail. Tudo o que uma quer dizer à outra, sou eu que digo. Embora eu não exista, tenho nome, idade e procedência. Tenho três aninhos, terei sempre três aninhos. Venho de São Paulo, de um orfanato de irmãs de caridade, e estou à espera de alguém que me adote. Estou de passagem lá pela casa da Bibi para ver se eles me aprovam. Todo mundo me dá muita corda e por isso me acho muito importante. Às vezes, a própria filha da Bibi tem ciúmes de mim, mas ela me adora a ponto de entrar numa loja, nos Estados Unidos, e pedir um chapéu cor-de-rosa para uma menina de três anos. Nasci numa data importante: sou Capricórnio, igual a Jesus Cristo. Sou ciciosa para chamar a atenção e adoro estar sempre gordinha, porque me vingo da Bibi terrivelmente. Além do mais, ninguém gosta de criança magra. Sou vaidosíssima, me adoro, fuxico, fofoco, faço até encrenca porque digo tudo aquilo que a Bibi acha que não pode dizer. Não vou crescer muito, mas, se um dia eu passar dos três anos, não gostaria de ser artista como a Bibi, porque ela me dedica tão pouco tempo. Também não gostaria de ser a Abigail — é séria demais, muito disciplinada e exigente, está sempre brigando. Por isso eu existo, para ser o recreio da alma das duas."

Bibi Ferreira tem um plano sério na vida. Sua casa em São Paulo é muito grande e muito bonita. No dia em que a Teresa Cristina — sua filha única — se casar, Bibi vai realizar o sonho das três: adotará sete ou oito crianças da Abigail. E todas elas vão ser sempre Claudina.

LA BENGELL, BALZAQUIANA, MOBILIZANTE
Correio da Manhã, 26/02/1967

DE MINISSAIA E DESCALÇA, NORMA FEZ 32 ANOS. RECEBEU ROSAS E AMIGOS; *os pais também foram e discutiram com ela a entrevista dada a uma revista. O pai, baixo e alemão, estava indignado porque Norma disse que teve uma infância infeliz:*

— Nunca vi uma menina que foi à praia e teve uma bicicleta se dizer infeliz. Os meus vizinhos vieram me contar o que você disse na revista e eu mostrei a eles os seus retratos na praia sentada no meu colo, andando de bicicleta. Eles viram que eu não estava mentindo.

— O que é que eu tenho a ver com os seus vizinhos? A minha infância fui eu que vivi.

Norma dá à mãe um ramo de rosas holandesas e diz para o pai que ele é genial. Toma meio limão espremido — "faz bem pra garganta" —, veste um pareô e vai-se maquilar para o show do Zum-Zum.
De repente, acende-se uma luz verde e aparece Baden Powell com seu Canto de Ossanha. Norma entra depois, toda de prateado. Usa os cabelos curtíssimos. Senta num banquinho no fundo do palco escuro e espera a sua vez de cantar. Toma muita água "porque fico com a garganta seca de nervoso."
Johnny Halliday estava lá; Sylvie Vartan também.

— Não estou nervosa por causa deles, não. É por causa dos amigos que estão na minha mesa me escutando.

Norma rói unha, é ruiva e tem sardas no rosto. *Quando chegou à boate, estava muito chateada porque tinha pouca gente.*

— Mas pra terça-feira, ainda por cima depois das enchentes, está bom.

Mas depois a boate ficou lotada e um casal de americanos gravava o show pela terceira vez.

— Não sei como a minha voz saiu.

E saiu excelente. Norma procura com seu olho imenso ver a reação da platéia enquanto canta. Sorri muito, faz jeitinhos com o rosto, olha sempre em direção ao Baden. De acordo com a música, sua voz sai leve ou com esforço. Não sabe a letra de uma delas, mas nem por isso se embaraça: canta assim mesmo, inventando.

— Sou a parceira perfeita pro Vinicius.

Muitos de seus gestos são parecidos com os de Elis Regina, principalmente quando canta uma música baiana pra Iemanjá. Levanta os braços, faz muito movimento, tudo com grande leveza. De vez em quando, acompanha o ritmo da música com o corpo.

Baden alterna as músicas com Norma, cantam uma juntos. A certa altura, um espectador começa a cantarolar uma música que não era a que Baden estava começando a tocar. Ele só faz olhar com insistência e com ar de crítica. Baden está de preto, sentado num caixote escuro. Todo encolhido, olhando para o violão. Não dá um sorriso. Começa a tocar a música de Norma fora de hora, e ela avisa baixinho.

Quando termina o show, Norma vai para a mesa e recebe parabéns duplos: pelo trabalho e pelo aniversário. A americana ao lado tira da bolsa um fio de pérolas e lhe dá de presente. Norma quer saber o que acharam da sua interpretação. Vibra quando dizem que, "em linguagem analítica, você está mobilizante". Veio bolo com champanhe para seu aniversário. Norma não gosta do "Parabéns pra você": "Fico envergonhada."

O papo na boate rende até tarde. Norma sai de lá e vai dormir. Trabalha todos os dias, com exceção das segundas-feiras, quando aproveita para fazer visitas. Na próxima, por insistência do pai, vai ver uma tia no subúrbio.

— Mas não diz que vou jantar lá porque assim não posso comer *steak tartare* com você.

CACILDA, QUEM É VOCÊ?

Jornal do Brasil, 16/01/1968

UMA MULHER INTELIGENTE. MAS ALÉM DISSO UMA DAS TRÊS OU QUATRO *maiores estrelas do teatro brasileiro. Seu principal trunfo: 25 anos de profissão. Cacilda Becker me esperava em seu camarim, e se maquilava quando cheguei. Os olhos exageradamente pintados — o que ela mesma reconheceu mais tarde —, um lenço branco amarrado na cabeça escondendo um monte de cachinhos ruivos enrolados, ela toda concentrada nos retoques de cada traço do lápis em torno dos olhos. Depois de tantos anos de prática, Cacilda não precisa de maquilador (pra quê?) e ela mesma enrola seus cabelos. Uma camareira eficientíssima está encarregada da parte de vestuário, ajuda-a a vestir cada roupa, sabe exatamente em que hora cada uma delas deve ser retirada dos cabides para ser vestida num décimo de segundo, enquanto as luzes do palco mudam de cor.*

Num sofá no camarim, estavam seu filho e Valmor Chagas, seu marido, que logo se retiraram. Quando uma senhora entrou na sala falando, Valmor avisou que a entrevista estava sendo gravada. Depois das apresentações de praxe, Cacilda me perguntou se eu queria começar.

— Vamos, então começa.

Começamos. Eu havia lido num jornal um artigo que dizia que Cacilda afirmara certa vez que as "atrizes hoje em dia, depois de três ou quatro anos de experiência, já se consideram quase perfeitas". Minha intenção era perguntar se ela se considerava perfeita. Mas foi logo explicando:

— Não tenho o hábito de fazer acusações assim. Tenho um ponto de vista com relação ao procedimento de toda a juventude teatral — tá gravando? — e não considero essa juventude responsável por isso, mas sim as pessoas de mais responsabilidade e que não esclarecem suficientemente os jovens. No momento que eles conseguem evidência através do sucesso de televisão — muito mais fácil que aquele que se obtém através do trabalho teatral —, esses jovens atores e atrizes se sentem capazes de assumir certas responsabilidades das quais eles não são capazes ainda, não é? E não é um problema só dessa juventude; na juventude da minha geração, já vi muita atriz respondendo por uma companhia, sem ter ainda uma formação de atriz que lhe permitisse tamanha responsabilidade. São as chamadas estrelas, vedetes, que trazem outros atributos, às vezes, em lugar de uma preparação artística e técnica desejável.

Ouso perguntar então se ela se considera perfeita.

— Eu sou uma mulher bastante inteligente. Você não concorda com isso? Então não sou capaz de cometer uma tolice como essa, não é?

Ainda no mesmo artigo, Cacilda afirmava que o "caminho para o teatro nacional reside na busca do autor, que em primeiro lugar precisa ter talento, possuir um domínio de expressão e alguma coisa pra dizer".

— Parece-me que, se uma pessoa não tiver o que dizer, não é necessário que ela escreva. Mas li um negócio muito bom um dia desses — não sei quem foi, mas foi alguém que escreve e fala melhor do que eu — que dizia que há uma característica entre nós, brasileiros, de escrever muito e ler muito pouco, o que faz com que muita gente escreva sem ter o que dizer. E nesse caso não se cria uma dramaturgia. Mas o problema não é somente esse, é maior. Isso é a título de piada, de humor, para ilustrar uma palestrinha nossa. Realmente, me parece que se o governo não tiver uma atitude certa em relação ao teatro, interessando-se culturalmente por ele e criando meios de favorecer o jovem autor, ator ou diretor — isto é, amparando financeiramente o teatro —, essa dramaturgia não acontecerá tão cedo. Porque o autor teria que passar por experiências que são muito caras e que não me parecem ser da responsabilidade do produtor — que não pode correr os riscos de formar uma dramaturgia. Acho que isso cabe realmente ao governo.

A peça que ela está encenando é da autoria de Valmor Chagas e Bráulio Pedroso.

— Acho o Bráulio um homem de muito talento, e que ainda está nos primeiros passos de seu trabalho de dramaturgo. Acredito que o Valmor tenha lhe emprestado uma experiência de ator e de homem de grande cultura teatral. Não creio que seja ambição do Valmor se tornar um autor de teatro, sendo um ator da dimensão que ele é. Ele pode dispensar esta ambição em favor de outras pessoas. E, se for o caso, calar e não dizer o que pensa, para que outros possam ter as suas peças montadas, inclusive num teatro como o dele, o Teatro Cacilda Becker.

A peça Isto devia ser proibido *mostra a história de um casal de atores em eterna concorrência. Como Cacilda e Valmor também são um casal de atores, fiquei curiosa em saber se eles também concorriam entre si.*

— Aquele casal de atores é assim, e não me parece que seja o único, não. Você verifica isto em todas as peças que giram em torno desse tipo de problema. E acredito realmente que seja uma coisa muito comum entre atores casados — essa rivalidade. Não é o caso meu e do Valmor, onde não há alguma competição artística. Nós trabalhamos numa mútua colaboração, e à medida que ele evolui eu ganho com isso, assim como à medida que eu evoluo ele também ganha. Nós nos ajudamos muito. Há 11 anos que estamos trabalhando juntos. É verdade que temos feito peças em que o outro não tem trabalho, mas é mais raro. E tem coincidido de fazermos sempre juntos as peças de sucesso. Quer dizer, é uma coisa que funciona, dá sempre certo. Quando nós estamos juntos, as peças correm muito bem, melhor do que quando nós estamos separados. Talvez porque a gente se conheça tão bem, não é? Realmente, quando os atores se conhecem, eles se ajudam muito em cena. Eu trabalhei durante muitos anos com o Ziembinsky, que é um ator excepcional. E era muito fácil, para mim, trabalhar com ele: eu me sentia muito amparada. Trabalhei muitos anos seguidos com o Sérgio Cardoso e com o Paulo Autran, e era muito cômodo porque eles dividiam com a gente as responsabilidades de um espetáculo e sabiam muito bem qual era o meu jeito de atriz. Quando você enfrenta um ator pela primeira vez, sem conhecer a sua escola ou a sua técnica, com possibilidade de esbarrar em sua eventual superioridade ou inferioridade, é muito enjoado, mas, quando você trabalha com um ator durante um certo tempo, o jogo dos dois é conhecido por ambos, e isso é muito agradável.

Começam a soar campainhas, em intervalos regulares, o que me deu a impressão de que a peça já ia começar. O filho de Cacilda veio perguntar se já não estava na hora. Ela disse que iam atrasar dez minutos e que a entrevista que estava dando era "uma coisa muito importante".
Cacilda acredita que seja uma atriz que tem escola.

— Não é uma escola; eu sou uma atriz que tem escola. Tenho exercitado todas as técnicas teatrais nesses 25 anos de teatro. Claro que não quero, com essa revelação, fazer a afirmativa de que domino todas as escolas. Mas tenho escola. Já fiz no teatro desde o bulevar francês até o teatro clássico. Não existe um tipo fixo de representação. Você representa ou não representa aquilo que está escrito no papel. Evidentemente, se eu pego amanhã ou depois um texto naturalista, tenho que saber representar naturalisticamente, e assim por diante. Quer dizer, no momento que você tem escola, conhece todos os estilos de representação que se adaptam a essa ou àquela peça. Você não inventa um estilo. Tudo já foi descoberto.

Cacilda faria novela, se fosse convidada, mas com a condição de que houvesse um mínimo de bom gosto.

— Não quero nem falar em termos de cultura porque seria pretender demais que no Brasil se fizesse novela de cultura, quando isso não é feito em nenhuma outra parte do mundo. No ano passado eu fiz uma novela que teve muita repercussão em todo o Brasil. Chamava-se *Ciúme*, se não me engano, e, logo depois de terminada, eu tinha uma turnê marcada pelas capitais levando um espetáculo de poesias. Ao chegar nas cidades, como Belém e Fortaleza, verifiquei que, antes da minha chegada, o público não sabia quem era Cacilda Becker. É pretender demais esperar que o povo de uma capital como Belém me conheça através de uma entrevista contigo, compreende? Nós somos pessoas anônimas no Brasil porque não temos como chegar a esses lugares. Mas a televisão chega, e, quando você vai lá, já encontra um público que te foi criado pela televisão. Isso é muito importante. Se não fosse importante para mim, eu não faria teatro.

Finalmente, chegou a hora de descer para entrar em cena. Enquanto falava comigo, Cacilda foi-se arrumando, a camareira a postos. No último instante, não faltou o exercício de canto para abrir a voz. Fui convidada para assistir à peça dos bastidores, e ver como uma atriz faz malabarismos para mudar de traje de uma cena para outra. E fiquei espantada de ver como uma pessoa pode ter a capacidade de se concentrar num papel, a ponto mesmo de mudar a voz.

ÍTALA NANDI: AÍ A GENTE VÊ QUE O MUNDO NÃO É COR-DE-ROSA
Jornal do Brasil, 09/10/1969

COM A FALTA DE LUZ, O ESPETÁCULO ATRASOU ALGUNS MINUTOS, E NOS *corredores todos passeavam com velas nas mãos. Por isso, nem percebi quando Ítala Nandi entrou no camarim à minha frente, tal era o burburinho naquela semi-escuridão. Vestida de calça Lee azul e uma blusa roxa, ela me recebeu toda maquilada com borrões vermelhos na face. O papel é o de Maria Garga, em* Na selva das cidades, *de Bertolt Brecht. Há algum tempo, Ítala declarou numa entrevista que o teatro é uma arte para privilegiados. Por que então continua nele?*

— Porque, infelizmente, não sei fazer outra coisa. Mas essa arte só não é popularizada no Brasil — aqui, só quem tem 15 contos vai ao teatro. Mesmo para os estudantes, é uma minoria privilegiada que pode ir. Hoje não tenho mais encantos pelo teatro. Acho uma bobagem; não tem sentido qualquer tipo de cultura dentro da estrutura em que a gente vive. É dar comida aos porcos.

Ítala chegou a declarar, certa vez, que não gosta das coisas complicadas. "Se puder, contorno a situação. Se não, continuo lutando."

— Talvez seja uma questão de formação. Trabalho desde os 14 anos, mesmo sem precisar. Era muito insatisfeita com tudo; não me deixava acomodar e tudo o que consegui foi com muito esforço. As coisas nunca foram muito fáceis.

"Cada empecilho ainda é um estímulo, sim, ainda mais que declarei isso em agosto e não mudei tanto de lá para cá. Não sei, mas às vezes, de um dia para outro, você vira a panela."

Filha de imigrantes italianos, Ítala nasceu em Caxias do Sul.

— Minha educação não é propriamente européia, é diferente. É de imigrante, de pessoas sem vinculações, que cortaram suas raízes. Imigrante é um fenômeno especial. Isso me deu uma abertura, tenho a impressão.

"Meu pai tem um nível cultural muito elevado; minha mãe, nem tanto, mas minha formação foi eminentemente burguesa. Ao mesmo tempo que recebia uma educação falada deste tipo — às vezes, até quase aristocrática — na prática isso não era possível de se realizar. Aí a gente vê que o mundo não é cor-de-rosa, que as pessoas mentem muito. Que nem tudo que é dito é feito. Mas nunca consigo fazer tudo o que me proponho, não. É muito difícil. Sei lá, me proponho muita honestidade, muita generosidade — mas tenho um caráter muito duro, preciso me trabalhar muito. Me civilizar, enfim."

Enquanto fala, Ítala vai retocando a maquilagem, acentuando ainda mais a vermelhidão do rosto. Depois pega uma escova de cabelos e, com um pente, começa a limpá-la. Mesmo com a luz da vela e debaixo de tanta pintura, nota-se o rosto bonito de Ítala, 25 anos, ex-bancária e ex-secretária. Seu único curso de interpretação foi o de Eugênio Kusnet, que fez junto com Renato Borghi e Zé Celso Martinez Corrêa, mais palestras e conferências que propriamente exercícios. Contadora de banco em Porto Alegre, já trabalhava em teatro amador em Caxias. Na capital, ainda amadora, foi vista em cena pelo pessoal do Arena — que a recomendou a Zé Celso, em São Paulo, para substituição de uma atriz. Nessa época, ela trabalhava como secretária numa agência de publicidade, em São Paulo. Seu primeiro trabalho no Oficina foi em Quatro num quarto *e hoje, além de atriz, é uma das sócias.*

— Sinto que não é um tempo tranqüilo, tudo está acontecendo agora, no mundo inteiro. É o século do caos; talvez depois venha a calma. Mas que tá tudo maluco por aí, tá.

Em uma das cenas de Na selva das cidades, *Ítala fica inteiramente despida, e isso tem dado muito o que falar.*

— Eu acho simplesmente ridículo o escândalo todo que armaram por causa da minha nudez no palco. As pessoas que fizeram isso, eu garanto que ainda não assistiram à peça; a cena da nudez não passa de um detalhe no espetáculo. O resto é muito mais importante.

Reação negativa por parte da platéia: Ítala não sentiu nenhuma.

— Ela se conserva em silêncio, num total respeito, porque é uma passagem realmente muito bonita. E eu não me sinto nem um pouco inibida em me despir diante do público. Durante os ensaios, que duraram cinco meses, as coisas foram acontecendo tão naturalmente que é como se eu estivesse vestida.

"As limitações, fora do teatro, existem, sim — como para todo mundo. A gente está bloqueado quase sempre."

A moça que escrevia contos em Porto Alegre hoje não tem mais tempo para dedicar a eles. Mas, no dia em que sua vida se acalmar um pouco, talvez volte a escrever — porque é uma coisa de que gosta muito.

— Ítala, você é pura mas sabe se defender — é isso?
— A gente tem um lado muito puro e outro muito desonesto, culpa da sociedade. A pureza é inata e, à medida que a gente vai crescendo, vai aprendendo a ser mau.

"Somos todos muito imprensados pelo que nos obrigam a fazer. E, pra gente quebrar um pouco essa pressão, é preciso muita força, ser quase super-homem, herói. Pra conseguir superar isso, fico me debatendo feito uma... uma infeliz. Até que ponto, não sei. Até quando der."

HELÔ: A GAROTA DE IPANEMA NÃO É A GAROTA DE IPANEMA

Revista Manchete, 1967

HELOÍSA ENEIDA, O BROTO QUE INSPIROU TOM JOBIM E VINICIUS DE Moraes, *foi assistir ao filme supostamente baseado na sua vida. No cinema, ninguém a reconheceu, mesmo porque ela agora é futura mamãe. Heloísa Eneida foi ver o filme* Garota de Ipanema *na véspera da entrevista, porque imaginou que certamente se tocaria no assunto. Além do mais, estava intrigada porque muitas pessoas lhe perguntavam se a sua vida tinha alguma coisa a ver com a da garota do filme.*

— Todo mundo vem com a mesma conversa: que história é essa, você alguma vez namorou um homem casado? Aí eu fiquei um pouquinho assustada e fui assistir à fita para tirar algumas conclusões. Achei a mensagem do filme boa: ela apenas gostava de um homem casado, mas no final procura esquecer o caso completamente. Não demonstra leviandade. Também gostei da fotografia, do enredo e da música. Não tenho nenhuma afinidade intelectual com a garota do filme, e nem penso como ela. Se fossem transportar a minha vida de verdade para o cinema, seria muito monótono para o público. Sempre fui o tipo da garota normal — praia, estudo, namorinho firme. Namorei um rapaz algum tempo, depois passei para outro, mas nunca tive nada com homem casado.

"Agora, tem uma porção de gente decepcionada, dizendo que esperava ver a minha história na tela. Mas repare bem: a decepção é sobre esse aspecto, e não quanto ao filme em si. A vida de Márcia

Rodrigues também não deve ser igual à da garota que ela representa na fita. Seu papel evidentemente é fictício e ela o representa muito bem, com muito talento. Já a personagem do filme, esta sim é verdadeiramente um ponto de interrogação."

No quarto refrigerado de um apartamento de Ipanema, eu falava com uma autêntica musa — a musa inspiradora de Tom Jobim e Vinicius de Moraes, a Garota de Ipanema à vera, Heloísa Eneida. Da menina de 15 anos, cujo balanço mais lindo e mais cheio de graça virou canção, à futura mamãe de hoje, pouca coisa mudou.

— Antes, a minha vida era tranqüila. Depois começou toda aquela agitação de repórteres, sempre me acordando de manhã cedo para entrevistas que não acabavam mais. Apareceu uma porção de probleminhas, coincidindo com a época do meu casamento. A agitação continuou a mesma. Mas a minha personalidade não mudou.

No fundo do corredor do seu apartamento, há um quarto azul-claro com muitos bonecos. Em cada país que visitou durante a sua lua-de-mel, Helô comprou um boneco típico. Ela gosta de colecioná-los, e com isso justifica uma certa infantilidade. Namorou um rapaz durante sete anos e há dois está casada com ele.

— No começo ele não gostou dessa onda toda provocada pela música: disse que podia ser bom no momento, mas que depois eu poderia me aborrecer e não devia jogar com a sorte. Sabe, quando eu era mais mocinha uns garotos apareceram lá em casa, pedindo à mamãe para me deixar ser *miss*. Achei engraçadíssimo. Na época eu tinha todas as medidas certas, mas minha mãe não concordou, disse que eu não tinha idade. Quando fiz 16 anos, eles voltaram, querendo até falsificar minha idade para 18 anos. Mamãe disse não: se eu ganhasse poderia ficar orgulhosa, se perdesse poderia ficar frustrada, e ela queria que eu continuasse a ser eu mesma. E tinha razão. Eu também penso assim. Quer dizer, se acontecer alguma coisa diferente na nossa vida e que não traga malefício algum, não tem problema.

Helô não costuma ler:

— Bom, primeiro foi aquele negócio de *Garota de Ipanema*, depois comecei a trabalhar como professora primária. Quer dizer, não tinha tempo para ler e cheguei num ponto em que já não estou mais habituada a pegar num livro. E nem tenho paciência de ler um livro imenso de um autor espetacular, um livro intelectual. Minha vida era estudar, trabalhar e me divertir. Atualmente, saio muito com meu marido e, quando não tenho nada para fazer, vou a uma praiazinha. Mas, se pego num livro, acabo dormindo.

Heloísa acha que não há nada que diferencie a juventude de Ipanema das demais.

— Juventude é toda igual. É essa fase que marca, dos 14 aos 16 anos. E nessa idade todos os jovens gostam mais ou menos das mesmas coisas: iê-iê-iê, praia, chopinho, *hippies*. Sou como todo mundo e não penso que minha vida represente nada de especial. Fui escolhida por sorte, por estar ali e o Tom e o Vinicius simpatizarem comigo. Tenho uma vida normal, sou católica praticante, gosto de esporte e me considero atualizada e independente. Em qualquer lugar que eu vá, até mesmo em ambientes moderníssimos, me sinto à vontade. Muita gente acha que porque casou tem de levar uma vida senhoril. Não. Casou, continua a mesma. Sou independente no sentido de não precisar dos outros para fazer as coisas. Minha mãe sempre trabalhou fora, e, quando aparecia algum problema para resolver, eu metia a cara.

Desde pequena Helô vai à missa com regularidade.

— Nunca me desviei da religião, apesar de meus pais não serem católicos praticantes. Eu sempre fui, e sou mais ainda depois de casada, porque meu marido é muito religioso. Com o casamento acontece uma coisa muito engraçada: a gente acaba assimilando muitos hábitos um do outro, mas isso sem perder nossa personalidade. Hoje em dia tem tanta gente nas igrejas que fico até boba. Vejo muito menino moderninho por lá. Não é que eu ache que ir à missa dê sorte na vida, mas ajuda. Por exemplo: você tem uma pessoa doente em casa; como não entende nada de medicina, você começa a ficar nervosa. Então começa a rezar e a pedir a Deus, talvez sabendo que pode não conseguir. Se por acaso o médico salva a pessoa, você diz: "Puxa, graças a Deus." Quer dizer, Deus não ajudou só no sentido de salvar a pessoa, mas também no sentido de mantê-la com a cabeça tranqüila.

Ao lado da cama, um crucifixo:

— Rezamos toda noite, antes de deitar.

A Garota de Ipanema me mostra a casa, conversa sobre tudo, oferece sorvete e Coca-Cola. Fala do neném, do marido, das viagens, mostra seu álbum de recortes e o de casamento. Ela é de uma simplicidade total e está muito preocupada em parecer magra. Acha tudo "bacaninha" e conta que pediu licença do trabalho quando casou:

— Na questão de trabalho, meu marido é meio tradicional, de mentalidade antiga. Ele acha que a mulher casada deve ficar em casa, cuidando dos filhos.

Helô está esperando o primeiro para o mês que vem.

HONESTA: SER OU NÃO SER — EIS A QUESTÃO
Jornal do Brasil, 1970

UM PARECER DO CONSULTOR-GERAL DA REPÚBLICA — SR. ADROALDO Mesquita — publicado no *Diário Oficial* reconhece à esposa desquitada, *honesta* e que não receba pensão de alimentos o direito de pleitear pensão vitalícia deixada pelo marido que tenha sido segurado do Ipase. O conceito de honestidade não parece ser das coisas mais inflexíveis e costuma variar de acordo com a pessoa que julga. Para um padre, a mulher desquitada honesta é aquela que faz voto de castidade depois do desquite; segundo a interpretação da lei referente ao assunto, é aquela que não se une a homem algum, cuidando apenas da educação dos filhos (se os há); para muitos, é a que procura a sua satisfação emocional, mesmo se isso implica nova união. Para o deputado divorcista Nelson Carneiro, a mulher desquitada que não se *casa* novamente não é honesta — é boba.

Solange tem 28 anos, três filhos e um namorado. Há dois anos desquitou-se do marido.

"Para a própria desquitada, é muito difícil saber o que significa a honestidade, mas acho que ela depende da consciência de cada uma e não do julgamento de um juiz. É pedir demais que uma mulher jovem, separada do marido, passe o resto da vida se dedicando aos filhos, uma vez que a finalidade do desquite deveria ser que cada um reencontrasse a paz de espírito. Uma mulher sozinha está incompleta, e, se ela forma um novo lar, não pode ser considerada desonesta. Quanto aos filhos, é impossível substituir a figura do pai, mas faz falta o exemplo de um homem que eles possam seguir. Acho que um apoio masculino constante é muito importante. Tenho um amigo cuja mãe se desquitou muito jovem e os filhos sempre detestaram a idéia de que ela pudesse vir a *casar* novamente. Hoje eles têm entre 22 e 25 anos e acham que se a mãe, agora de meia-idade, tivesse se *casado* outra vez, tudo teria sido muito melhor — porque toda a atenção dela não estaria voltada unicamente para eles, que se consideram superprotegidos. A ansiedade que domina a mulher nesses casos só pode ser prejudicial aos filhos."

Para a psicanalista Neide Burlamáqui, membro do Instituto de Medicina Psicológica e que segue uma orientação muito voltada para o pensamento analítico existencial, "esse parecer jurídico não tem sentido na época atual, porque, partindo do princípio de que o sexo é imoral, castra emocionalmente a mulher. Acho que tanto ela quanto o homem necessitam de se realizar nas esferas intelectual, profissional e emocional, e podar uma criatura humana é inaceitável. Além do mais, essa lei severa levaria uma pessoa que tem necessidade de se realizar emocionalmente a buscar caminhos tortuosos e sub-reptícios, o que não seria útil nem para ela própria nem para a sociedade. Se ser honesta é fazer voto de castidade, parte-se do princípio de que uma criatura só precisa, *grosso modo*, de casa e comida para se sentir realizada na vida. Na verdade, tanto o homem quanto a mulher precisam da compreensão e do amor de um companheiro — o que equivaleria a uma situação matrimonial, com documentos legais ou não. Toda pessoa que se separa do primeiro companheiro não só pode como deve refazer sua vida do ponto de vista emocional, havendo ou não filhos — pois uma pessoa frustrada não pode proporcionar aos filhos uma relação satisfatória. Quem não tem tranqüilidade não pode transmiti-la a ninguém. Qualquer pessoa precisa de afeto e de segurança interpessoal, e obrigar uma criatura a viver legalmente frustrada chega a ser insano; ela deve tentar uma segunda escolha que não seja tão neurótica quanto a primeira. Não aceitar isso seria reduzir a mulher a uma condição de objeto útil. Mas me parece que isso teria surgido do medo da mulher se promiscuir, o que seria um caso particular de desorientação neurótica e que poderia ser evitado se ela tivesse condições para um equilíbrio emocional satisfatório".

CONTESTAÇÃO
Apesar de toda a evidência dos problemas que podem ocorrer à mulher desquitada só, há ainda quem conteste uma nova união a bem da moral. Para o padre Leme Lopes, S.J., professor de filosofia, ética profissional e teologia, "a mulher honesta é aquela que coloca o dever acima do prazer e do interesse e que tem uma conduta pautada por uma norma de rigorosa moralidade. No caso particular da desquitada, entende-se por mulher honesta aquela que tem um proceder moral irrepreensível e que pode servir de modelo para suas filhas. Não admite, pois, vida sexual fora do matrimônio legítimo. Como o Estado deve favorecer tudo aquilo que mantém a dignidade humana, parece justo que a desquitada honesta seja amparada em sua subsistência. Esta ajuda extrínseca facilitará a sua decisão de consciência, relativa a um proceder irrepreensível. A segurança material vem amparar o propósito interior de fidelidade, intransigente ao dever. É mais um estímulo, vindo de fora, para a prática de seu tão louvado propósito."

Mas o *tão louvado propósito* costuma trazer enormes problemas de consciência. E para o advogado Haroldo Lins e Silva, membro do conselho da Ordem dos Advogados, "a própria pessoa deve julgar a honestidade dos próprios atos, desde que desse julgamento não decorra nenhum atentado à sociedade. Se formos encarar a liberdade de amar por um prisma de séculos passados, vamos condenar até mesmo a viúva de um segundo casamento, pois ela não é mais virgem. Quem vai julgar a honestidade ou não de uma pessoa é o juiz, mas se quando se desquita a mulher passa a receber uma pensão do marido, isso já implica dizer que ele a considerou honesta. Se, *casando* com outro, ela perde o direito a essa pensão, quem sabe se, perdendo também essa auréola, ela não estaria ganhando mais com essa nova união? Digamos que, ainda casada, o marido adoece e ela viola o dever de fidelidade — por isso ela pode ser considerada desonesta, levando-se em conta que, quando casa, a mulher não faz voto de enfermagem ou de ser assexuada? São fatores os mais diversos que terão que ser aferidos pelo julgador para dizer se determinado comportamento, em determinada circunstância, é ou não honesto. Mas é preciso não confundir o conceito de moral com o de vida irregular: uma mulher pode ter uma constituição prostitucional, pode ser uma doente, uma insaciável. E porque ela é doente, nessas circunstâncias vamos também considerá-la imoral? O conceito de honestidade é muito elástico e não se pode, monoliticamente, dizer se isto é honesto ou não. Porque tudo depende de circunstâncias".

Ora, se tudo é relativo, mas, no fundo, a responsabilidade do julgamento repousa nos ombros do juiz, como ele encararia o fato de uma mulher desquitada viver maritalmente com outro homem? Ela é desonesta por isso?

"Em princípio, não", é a opinião do juiz Paulo Malta Ferraz, titular da 1ª Vara de Família. "O simples concubinato em si, a meu ver, não é imoral. Como não há divórcio, o que desfaz a sociedade conjugal é o desquite. E, uma vez desquitados, deixa de haver entre os cônjuges o dever da fidelidade recíproca. Mas isso não exclui a possibilidade de um concubinato desonesto — a maneira social da mulher agir é que faz dela desonesta ou não. Se mesmo concubina ela descuida dos seus deveres, leva uma vida irregular ou falta à fidelidade, não há dúvidas sobre a sua desonestidade. Mas, embora judicialmente o concubinato seja aceitável, moralmente a questão se transforma. O direito é indiferente às relações sexuais, inclusive sem concubinato, mas eu, do ponto de vista moral, desaprovo esse comportamento."

RESTRIÇÃO

No Ipase, a honestidade que se exige da desquitada na hora de pleitear a pensão deixada pelo marido não começa a partir do desquite — para a repartição, o que importa é que a mulher tenha sido honesta até o desquite. Mas o diretor do Departamento de Previdência do Ipase faz uma restrição — "depois do desquite, só não permitimos que a mulher se una a outro homem".

Mas se na hora do desquite ela não recebeu a tal pensão, não a *piche:* provavelmente ela era rica e não precisava daquela ajuda. Mas pode ter acontecido de ser considerada culpada e, além de perder a tal pensão, perde o direito à pensão de alimentos, de compartilhar os bens, de manter os filhos sob sua guarda e, até mesmo, de usar o nome do marido.

AS VOLTAS DA LEI

De acordo com a lei, cumpre ao marido dar uma pensão de alimentos à mulher desquitada, mas, se o desquite for amigável, essa pensão pode até ser dispensada, de acordo com o que os dois estabelecerem. Se for litigioso, vai depender da inocência e da pobreza da mulher. Uma vez fixados os alimentos — em função das possibilidades de quem dá e das necessidades de quem recebe —, nem por isso eles são eternos: um dos casos de perda da pensão pela mulher é o seu concubinato após o desquite. Estabelece a norma jurídica: "Perde a desquitada o direito à pensão se passa a levar vida desonesta, e o concubinato é desonestidade."

Mas, tendo em vista fatores de ordem natural, sociológica, econômica e moral, o direito fixou uma nova concepção, que não mais exige o dever de fidelidade entre os cônjuges depois do desquite.

Então o concubinato não é desonesto — se fosse, a lei não o ampararia. Mas determinadas modalidades e circunstâncias podem torná-lo desonesto — como a vida irregular da mulher (que perderia, com isso, o direito à pensão alimentar do marido). E há inclusive quem critique a lei que admite a pensão com o concubinato, alegando que "não é justo que a mulher continue sendo alimentada pelo ex-marido, que ficaria colocado num ridículo imenso, sustentando a mulher e o seu amante".

É ESSA A NOVA MULHER?
Jornal do Brasil, 24/03/1972

LONDRES — PARA SE DAR MAGNIFICAMENTE BEM COM COSMOPOLITAN — a mais nova revista feminina lançada em Londres —, a mulher deve ser sensual, ambiciosa, alegre e gostar de aventuras. Mas, mesmo se não é nada disso e tem um mínimo de honestidade com ela própria e o mundo, tudo indica que vai se entender com *Cosmo*.

Para Joyce Hopkirk, a editora, a revista pretende atingir a mulher que gosta de parecer maravilhosa, de estar no lugar certo na hora exata, de aproveitar cada ocasião e saber tirar partido dos homens: "*Cosmopolitan* acredita firmemente nos homens, e para quem não tem nenhum, ensina como arranjá-lo, mantê-lo e, se for o caso, mandá-lo embora." Com essa fórmula mágica, a *Cosmo* que circula nos Estados Unidos vende cerca de um milhão de exemplares — e a inglesa praticamente esgotou-se no mesmo dia de seu lançamento.

Na Inglaterra, o lançamento de *Cosmo* levou a um debate na televisão entre a sua editora e outras de diversas revistas femininas, a maioria delas indignada com a possibilidade de a nova revista vir a ser uma espécie de *Playboy* para mulheres.

MÃE?

Embora varie de revista para revista a ênfase sobre o papel prioritário da mulher, a maior parte das revistas femininas, pelo menos até certo tempo atrás, procurava apelar para suas atribuições de mãe e dona-de-casa, supervalorizando suas funções biológica e social.

Para a maior parte dessas revistas, prevalece a idéia de que o trabalho da mulher é criar a família e cuidar da casa, mas nos últimos dez anos foram lançadas muitas outras, que tentaram quebrar com essa fórmula doméstica e provar que a mulher tem cabeça e corpo, e não apenas mãos para balançar o berço ou fazer tricô.

Dentro dessa filosofia nasceu *Nova* na Inglaterra, visando não apenas à mulher, mas ao homem. Mas para Gillian Cooke, sua editora, o lançamento de *Cosmopolitan* representa um passo atrás, "podendo levar a mulher a se obcecar com ela própria, seu corpo e suas roupas".

INDEPENDENTE?

Para Joyce Hopkirk, no entanto, a idéia é fazer com que a revista funcione como uma amiga falando a outra amiga, "tratando a mulher não apenas como mãe, mas como verdadeira mulher: articulada, inteligente mas não especialmente intelectual, com miolos mas também com um corpo".

— A mulher conta primeiro como ser humano, depois como mãe (embora a leitora de *Cosmopolitan* deva basicamente ser solteira). Quero que ela perceba que depende dela aproveitar a vida, fazer algo por ela própria, e não apenas se apoiar no homem e esperar que dele parta a iniciativa. Quero moldar a mulher, fazê-la mais orgulhosa, mais segura, mais independente, e é assim que os homens preferem — diz Joyce.

A idade das leitoras deve variar entre 18 e 34 anos, mas a revista será endereçada especificamente para a mulher de 25 anos. E embora *Cosmo* não seja contra o casamento, acredita que "o comportamento da mulher deve ser independente e disciplinado, em quantidades devidamente medidas por cada parte do casal". Mas, se a *Cosmopolitan* inglesa seguir os passos da original americana, dizem os entendidos, tudo indica que vai implicar nas estrelinhas uma certa dose de liberdade sexual — ainda mais porque é essa a filosofia da editora americana, Helen Gurley Brown, autora do livro *O sexo e a mulher solteira*.

DECIDIDA?

No seu primeiro número, *Cosmo* apresenta seções fixas de discos, livros e filmes, e mais as últimas novidades lançadas. E entre os artigos maiores, a indefectível dieta milagrosa para a perda de muitos quilos em poucos dias.

Fora isso, vem com um artigo chamado "Vá para onde estão os homens", indicando os programas de fim de semana onde as mulheres certamente toparão com um número inacreditável de homens. Um psicanalista responde a perguntas das leitoras (a coluna se chama No Divã) e uma psicóloga prova que "a gravidez é de responsabilidade e decisão única e exclusiva da mulher".

Mostra ainda um teste para a mulher saber se faz bem o amor, exercícios que a secretária pode fazer no escritório quando não há ninguém por perto, indica os tipos de empréstimos para a mulher solteira, publica o depoimento de uma moça que "andava de cama em cama".

Um médico escreve sobre as inseguranças masculinas; um artigo aponta "as outras zonas erógenas" e a seção de moda apresenta "as roupas que a colocarão de volta nos braços dele".

EDITOR RESPONSÁVEL
Luciano Trigo

PRODUÇÃO EDITORIAL
Daniele Cajueiro

REVISÃO
Ana Julia Cury
Eduardo Carneiro
Guilherme Bernardo

PROJETO GRÁFICO E DIAGRAMAÇÃO
Fernanda Barreto

Este livro foi impresso em São Paulo, em janeiro de 2007,
pela Lis Gráfica e Editora, para a Editora Nova Fronteira.
A fonte usada no miolo é ITC Stone Serif, corpo 9,5/14,5 .
O papel do miolo é pólen soft 70g/m²,
e o da capa é cartão 250g/m².

Visite nosso *site*: www.novafronteira.com.br